中国保险消费者权益保护报告

（2015）

中国保险监督管理委员会
保险消费者权益保护局
◎编著

中国财政经济出版社

图书在版编目（CIP）数据

中国保险消费者权益保护报告（2015）/中国保险监督管理委员会保险消费者权益保护局编著．—北京：中国财政经济出版社，2015.3

ISBN 978－7－5095－6073－0

Ⅰ．①中…　Ⅱ．①中…　Ⅲ．①保险业－消费者权益保护－研究报告－中国－2015　Ⅳ．①D922.284.4

中国版本图书馆CIP数据核字（2015）第048385号

责任编辑：蔺红英　郁东敏　　　　责任校对：胡永立

版式设计：董生萍

中国财政经济出版社出版

URL：http：//www.cfeph.cn

E－mail：cfeph@cfeph.cn

社址：北京市海淀区阜成路甲28号　邮政编码：100142

营销中心电话：010－88190406　北京财经书店电话：64033436　84041336

北京中兴印刷有限公司印刷　各地新华书店经销

787×1092毫米　16开　13.75印张　123 000字

2015年3月第1版　2015年3月北京第1次印刷

定价：32.00元

ISBN 978－7－5095－6073－0/D·0370

（图书出现印装问题，本社负责调换）

本社质量投诉电话：010－88190744

打击盗版举报热线：010－88190492，QQ：634579818

编　写　组

主　编：梁　涛

副主编：吕　宙　姚庆海

编写组：赵　越　蒋　巍　王　毅　寇江华
吴南方　黄晓君　耿胜先　孔令亮
朱园圆　邵　瑛　王树锋　聂志刚
陈春野　何　亮　卢文龙　于卫珍

序

Preface

保险消费者是保险业赖以生存和发展的根基。保险业的发展目标和价值追求是通过保险服务让人民群众生活更美好。保险业只有做好消费者权益保护工作，诚实守信地履行法律规定和合同约定的义务，不断提升服务质量和水平，解决好广大消费者最关心、最直接、最现实的切身利益问题，才能增进社会公众对保险行业的信心，取信社会，取信消费者。

保护保险消费者的合法权益是保险监管机构的天职。自2011年10月在我国金融管理部门中率先成立消费者权益保护局以来，中国保监会以完善制度、健全机制为前提，以实施预防性保护、过程性保护为内容，以强化公司主体责任、实施透明度监管为核心，以加强消费者教育、推进行业诚信建设为基础，以调动社会各界力量、推进协同监管为纽带，着力解决关系保险消费者切身利益的突出问题，在保护保险消费者合法权益上开展了一系列短期管用、长期有效的工作。

——保险消费者权益保护制度建设取得突破。近年来，中国保监会出台了一系列加强保险消费者权益保护的规章制度，特别是2014年发布了《关于加强保险消费者权益保护工作的意见》，全面贯彻落实党的十八届四中全会精神和《国务院关于加快发展现代保险服务业的若干意见》要求，充分体现《中华人民共和国消费者权益保护法》的原则规定，立足于我国保险消费者权益保护工作实际，明确了当前和今后一个时期保险消费者权益保护工作的指导思想、基本原则、工作目标和政策取向，提出了加强保险消费者权益保护工作的主要任务和具体措施，是我国保险消费者权益保护工作的顶层制度安排，是中国保监会贯彻落实党的十八届四中全会精神、推进依法行政、依法履职、切实保护保险消费者合法权益的一项重要举措。

——保险消费者权益保护长效机制初步建立。经过近三年探索实践，我国保险消费者权益保护形成了规范顺畅的投诉处理、高效低成本的纠纷调处、及时充分的信息披露、形式多样的宣传教育、监管与自律并举的惩戒约束和多方协同的外部联动的机制组合，确保保险消费者权益保护各项工作顺畅有效开展。

——保险消费者诉求反映渠道进一步拓宽。中国保监会于2012年4月在我国金融管理部门中开通了第一条消费者投诉维权电话——“12378”保险消费者投诉维权热线，并于2014年底建成覆盖所有保监局的“12378”服务网络体系，实现“本地拨打、本地接听、本地处理”，在监管机关与广大保险消费者之间架设起“点对点、面对面”的沟通桥梁。

——保险消费者教育工作稳步推进。目前，中国保监会已初步建立起官方网站、报纸专栏、普及读物、官方微博、官方微信、现场活动“六位一体”的保险消费者教育渠道，提升了消费者教育工作的广泛性、针对性和有效性。

——保险业信用体系建设不断加强。2014年，中国保监会按照国务院《社会信用体系建设规划纲要（2014—2020年）》的要求，制定了我国首个专门的行业性信用体系建设规划——《中国保险业信用体系建设规划（2015—2020年）》。同时，作为国务院社会信用体系建设部际联席会议成员单位，中国保监会大力推进保险业信用体系建设和诚信文化建设，于2013年发布“守信用、担风险、重服务、合规范”的保险行业核心价值理念，并建立完善守信激励和失信惩戒机制，着力营造行业诚实守信的发展环境。

面对新常态下新形势，中国保监会将继续坚持“抓服务、严监管、防风险、促发展”的基本方针，以保护消费者权益作为监管工作的出发点和落脚点，积极践行“为民监管、依法公正、科学审慎、务实高效”的监管理念，架起打击损害消费者权益行为的“高压线”，加密保护消费者利益的“防护网”，不断加强和改进保险消费者权益保护工作，为加快建设现代保险服务业，实现“保险让生活更美好”、更好地服务人民群众和广大保险消费者作出新的更大的贡献。

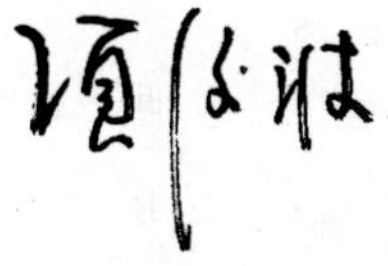

中国保险监督管理委员会主席

目录

Contents

壹

加强保险消费者权益保护制度和机制建设

建立完备的制度体系和运行顺畅的工作机制是做好保险消费者权益保护工作的前提，是监管机关依法履职、保险机构依法经营和消费者依法维权的保障。中国保监会严格按照依法治国、依法行政的要求，将完善规章制度和创新工作机制作为保险消费者权益保护工作的首要任务，运用法治思维和法治方式推进工作有序、有效开展。

一、构建保险消费者权益保护规章制度体系

保险消费者权益保护涉及保险公司治理、保险产品开发、保险合同条款制定、保险销售、理赔给付、客户服务、争议解决和保险知识普及等诸方面，是一项综合性监管工作，需要相应制度安排作为保障。中国保监会创新监管模式，整合监管力量，于2011年10月成立了保险消费者权益保护专门机构——保险消费者权益保护局，并着力加强保险消费者权益保护制度建设。

（一）加强保险消费者权益保护顶层设计

中国保监会于2012年1月制定发布了《关于做好保险消费者权益保护工作的通知》，从建立完善保险消费者权益保护工作制度和体制、加大信息披露、畅通投诉渠道、完善纠纷调处机

制、普及保险知识、加强诚信建设、查处侵权行为、接受社会监督、提升车险理赔服务质量和解决寿险销售误导问题九个方面，对保险监管机关、保险行业协会和保险公司提出了明确的工作要求，初步构建起保险消费者权益保护工作框架。2014 年，在全面总结保险消费者权益保护工作实践和系统梳理现有规章制度的基础上，吸收借鉴国内外金融保险消费者权益保护工作的成功经验，制定发布了《关于加强保险消费者权益保护工作的意见》，明确当前和今后一个时期保险消费者权益保护工作的指导思想和基本原则，提出了到 2020 年保险消费者权益保护工作的目标任务，突出保险公司在维护消费者合法权益方面的主体责任，重视透明度监管，注意发挥司法机关、政府有关部门、社会组织和新闻媒体在保护保险消费者合法权益方面的协同作用，是未来一个时期我国保险消费者权益保护的顶层制度安排。

图 1－1　中国保监会就制定《关于加强保险消费者权益保护工作的意见》征求专家学者意见

（二）完善保险消费者权益保护监管制度体系

2012年以来，针对保险消费投诉处理和争议解决问题，中国保监会制定出台了《保险消费投诉处理管理办法》，统一规范保险监管机关和保险公司的投诉处理工作，明确处理职责、处理流程、处理时限和办理要求。与最高人民法院联合制定下发《关于在全国部分地区开展建立保险纠纷诉讼与调解对接机制试点工作的通知》，自2013年起在全国26个省（自治区、直辖市）正式建立保险纠纷"诉调对接"机制，依法、公正、高效化解保险纠纷。制定《12378保险消费投诉维权热线管理办法》和《保监局局长接待日工作办法》，通过制度保障保险消费者投诉维权渠道畅通。针对与保险消费者关系密切的保险销售和理赔给付问题，中国保监会先后制定出台了《关于加强和改进财产保险理赔服务质量的意见》《机动车辆保险理赔管理指引》《关于人身保险业综合治理销售误导有关工作的通知》《人身保险销售误导行为认定指引》和《关于严格规范非保险金融产品销售的通知》等。针对保险交易中存在的消费者获得信息不够充分问题，中国保监会制度出台了《关于报送年度信息披露报告的通知》和《关于进一步做好保险公司公开信息披露工作的通知》等。针对社会公众反映较多的保险电销扰民和违规搭售保险问题，中国保监会还先后发布了《关于尽快遏制电销扰民有关事项的通知》《关于规范财产保险公司电话营销业务市场秩序 禁止电话营销扰民有关事项的通知》和《关于禁止强制销售保险的紧急通知》等。为提升保险中介机构服务质量和水平，中国保监会发布了《保险专业代理机构基本服务标准》《保险经纪机构基本服务标准》和《保险公估机构基本服务标准》等。此外，中国保监会还指导中国保险行业协会与中国法医学会联合发布《人身保险伤残评定标准》，在伤残分类、残情条目以及保障覆盖范围上达到世界同业标准先进水平。通过近三年来的努力，我国保险消费者权益保护工作的制度体系初步形成。

二、加强保险消费者权益保护机制建设

为保证保险消费者权益保护各项监管政策措施传导顺畅、运行高效，近年来，中国保监会在总结实践经验的基础上，积极研究建立保险消费者权益保护工作长效机制。

（一）强化信息披露机制

加强信息披露是解决保险消费者信息不对称问题的有效措施，也是保护保险消费者合法权益的国际通行做法。近年来，中国保监会一方面加大与保险消费者利益相关的监管信息公开力度，全面公布保险公司和保险中介机构行政处罚情况，定期通报保险公司被投诉情况、损害保险消费者合法权益的典型案例，及时发布保险消费风险提示，为保险消费者全面了解保险公司提供

充分信息；另一方面，督促保险公司在其官方网站显著位置公布保险产品条款和服务承诺有关信息，以清晰和通俗的语言向消费者说明保险产品和服务，重点突出保障范围、免责条款、预期收益等与消费者利益密切相关的内容，并对免责条款做出足以引起消费者注意的提示和明确说明。

（二）完善纠纷调解机制

建立纠纷调解机制是化解矛盾纠纷、维护行业良好形象、增加行业和谐因素的重要手段。通过近三年努力，中国保监会已在全国范围内建立起“监管机关指导推动、行业协会建设管理、保险公司积极参与”的保险纠纷调处机制。同时，为进一步提升保险纠纷调解工作的公信力和有效性，中国保监会与最高人民法院合作推动建立保险纠纷“诉调对接”机制。各地保监局结合辖区实际，在推进保险纠纷“诉调对接”机制建立的同时，积极与当地仲裁机构合作，探索建立保险纠纷“仲调对接”机制，丰富完善保险纠纷多元化联动解决工作体系。

（三）健全投诉处理机制

妥善解决好保险消费者反映的问题是保险监管机关为民监

管、履行保护保险消费者合法权益职责的具体体现。近年来，中国保监会不断健全投诉事项办理、监督检查、考核评价和责任追究等制度，保障投诉处理各项工作有章可循；设置投诉处理部门和岗位，配齐配强工作人员；开通并加强投诉热线电话建设，开展保监局局长消费者接待日活动，拓宽保险消费者诉求表达渠道；督促保险公司及时妥善解决保险消费者合法合理投诉，强化投诉处理责任，不断提高保险公司投诉处理工作规范性和有效性；加大考核力度，定期在保险业内通报并向社会公布保险公司、中介机构投诉处理工作情况。

（四）注重宣传教育机制

保护好保险消费者的合法权益，不仅需要监管机关严格执法履职，也需要保险消费者自身具有一定的自我保护能力。中国保监会着力构建监管机关、行业组织、保险公司、新闻媒体和教育机构多方参与的保险公众教育工作格局，大力推动保险知识普及工作，开展保险知识进学校、进农村、进社区、进机关、进企业“五进入”宣传教育活动，借助广播、电视、报刊、网络、出版物以及专项活动等传播渠道，向社会公众普及保险知识，努力使广大人民群众更多地了解保险，正确认识保险，提高风险识别和防范能力。

（五）严格监管惩戒约束机制

保护好保险消费者的合法权益，必须有强有力的监管惩戒约束机制。中国保监会严格履行法定职责，督促保险公司切实维护好消费者的合法权益。一方面，不断细化各类损害消费者权益违规行为的认定标准，完善处罚制度，加大对各类损害消费者合法权益行为的查处力度，对发现的违规线索抓住不放、一查到底，零容忍，不护短，始终保持严查重处的高压态势；另一方面，加大保险违法违规行为的通报公开力度，指导行业组织建立行业失信惩戒机制，推行保险公司、保险中介机构和从业人员守信评星和失信黑名单制度，大力营造“一处失信、处处受限”的行业氛围。

（六）推进外部协同运作机制

保护好保险消费者的合法权益单靠监管机关一己之力是远远不够的，要“聚四海之气、借八方之力”，形成齐抓共管的保险消费者权益保护大格局。中国保监会注重发挥好行业协会自律作用，推动行业协会开展服务自律，引导和督促成员公司履行好法律规定和合同约定的应尽义务；注重发挥好司法、公安、工商、审计等部门的协同作用，加强沟通联系，在法定职责范围内加强部际之间协作，共同维护保险消费者的合法权益；注重发挥好新闻媒体和社会公众的监督作用，主动借助新闻媒体曝光损害消费者合法权益的典型案件，不护短，不怕揭丑，同时加强保险业先进典型及保险知识宣传，向社会传播保险业的正能量；注重发挥好专家学者的智力支持作用，加强保险消费者权益保护理论研究。

图 1－2　中国保监会项俊波主席为社会监督员颁发聘书

贰

强力整治保险消费者最关心的突出问题

销售误导和理赔难一直是保险消费者反映最集中、最突出的问题，也是与保险消费者切身利益关系最为密切的问题。三年来，中国保监会持续下大力、出重拳，多措并举综合治理销售误导和理赔难问题。

一、持续治理销售误导

近年来，中国保监会按照“突出重点、长短结合、标本兼治、综合治理、惩防并举”的原则，从销售行为规范、客户真实性管理、条款费率改革等多个方面不断推进综合治理销售误导工作。

（一）完善相关制度

2012 年，中国保监会研究出台了《人身保险销售误导行为认定指引》《人身保险公司销售误导责任追究指导意见》和《人身保险业综合治理销售误导评价办法（试行）》等制度，明确了人身保险销售误导行为的认定标准、责任追究要求和治理效果评价方法。针对保险消费者反映强烈的银行保险渠道销售误导问题，如虚假宣传、混淆保险与存款概念等问题，2013 年中国保监会与中国银监会联合下发了《关于进一步规范商业银行代理保险业务销售行为的通知》，要求对投保人进行需求分析与风险承受能力测评，把合适的产品销售给有需求和承受能力的客户，同时延长犹豫期至 15 个自然日，特别规定了对于低收入人群和老年人，原则上向其销售保单利益确定的产品，且必须人工核保。此外，2013 年中国保监会研究出台了《人身保险客户信息真实性管理暂行办法》，着力解决当前客户信息不真实的突出问题，为发挥客户回访对销售误导的防治作用打好基础。

（二）加大查处力度

中国保监会一方面组织各人身保险公司开展销售误导行为自查自纠工作，督促各公司完善内控制度建设，加大责任追究力度，确保监管制度得到有效落实；另一方面，组织全国各级保险监管机关持续开展打击人身保险销售误导行为的专项检查，确保规范销售行为、客户信息真实性管理、规范商业银行代理销售保险行为和意外险规范等相关制度的有效落实。

（三）推进费率和条款改革

2013 年保监会启动人身保险费率市场化改革，构建了市场化的费率形成机制总体框架，将产品定价权交还给保险公司，并按照“普通型、万能型和分红型人身保险”分三步走的路线图，分别于 2013 年和 2015 年初启动了普通型和万能型人身保险费率政策改革，并计划于 2015 年实现人身保险市场定价全部市场化。通过稳步推进费率市场化改革，明显提高了人身保险产品的市场竞争力，以产品入手治理销售误导问题。推动人身保险产品条款标准化、简单化和通俗化，对产品条款和费率设计不公平、不合理问题进行针对性审查。同时，指导中国保险行业协会开展意外险示范条款制定工作。

图 2－1　中国保监会召开全系统年度保险消费者权益保护工作会议

二、着力解决理赔难

车险服务涉及广大车主的切身利益，社会影响很大。近年来，中国保监会按照“三年攻坚四步走”的总体思路，采取综合措施，重点治理车险理赔难。

（一）推进理赔标准化和相关制度建设

中国保监会研究制定了《机动车辆保险理赔管理指引》，明确财产保险公司在车险理赔管理中应达到的基本管理要求。制定《车险理赔服务指标体系》，统一规范理赔管理服务的评价口径和标准。指导中国保险行业协会下发《机动车保险理赔行业标准化单证》，制定并简化索赔单证标准，启动事故车维修配件和工时系数标准化项目以及车险查勘定损人员资格考试试点。同时，完善产品及其配套制度，组织修订行业示范条款，制定车损险代位求偿业务、财务和争议处理等制度，建立投保和理赔告知制度，实现让投保人明明白白买保险。

（二）加强治理理赔难机制创新

推动建立人伤纠纷调解机制。积极推动财产保险公司参与各地道路交通事故一体化调处试点。在上海、北京等地开展查勘定损人员资格管理试点，探索加大对行业理赔人员的管理力度，提高理赔人员的整体素质。加强理赔监控信息化建设，指导中国保险信息技术管理有限责任公司对全国车险信息平台进行升级改造，实现信息平台与财产保险公司理赔系统对接，提高信息化管控水平。

（三）加大现场检查力度

各地保监局针对理赔难开展专项检查，并对有理赔难问题、违反法律法规的相关保险公司进行行政处罚。借助行业协会组织开展关联数据对比测试，开展车险理赔打假行动。

（四）持续开展保险积压未决赔案清理工作

自 2012 年起，中国保监会连续 3 年组织开展了包括车险在内的财产保险全险种积压未决赔案的清理工作，既督促财产保险公司及时解决新发生的理赔案件，同时要求财产保险公司对过去积压的未决赔案进行清理。通过清理，超过两年的财产保险积压未决赔案件数由 2012 年的 305.47 万件下降到 2014 年的 87.72 万件。

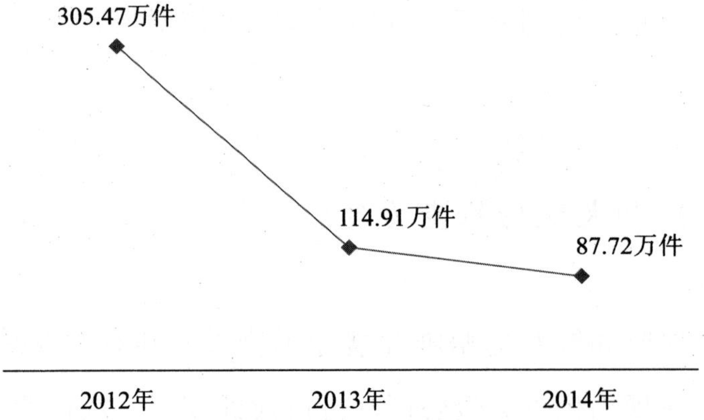

图 2-2　超过两年的财产保险积压未决赔案件数量

通过采取综合措施，治理车险理赔难工作取得了新的成效。财产保险公司理赔服务意识明显增强，简单快赔、上门收单等新增服务得到普及，车险平均理赔周期缩短，车险万元以下赔案从客户报案至赔款支付完成的平均时间由 2012 年的 90. 4 天缩短至 2014 年的 21. 2 天。

叁

切实做好保险消费投诉处理和纠纷调处工作

近年来，中国保监会积极探索，建立健全多元化的矛盾纠纷解决机制，及时就地解决保险消费者的合理诉求。

一、规范处理保险消费投诉事项

中国保监会致力于建立完善的“信、访、电、网”四位一体保险消费者投诉维权渠道，规范投诉处理流程，加强督办考评，及时有效为广大保险消费者排忧解难。

（一）畅通保险消费者投诉维权渠道

2012 年 4 月，中国保监会整合各地各级保险监管机关投诉电话资源，建立开通全国统一电话号码的保险消费者投诉专线——“12378”保险消费者投诉维权热线，这是国内金融管理部门设立的第一条消费维权电话专线。三年来，“12378”热线共接听处理各类来电超过 49 万个，群众满意度超过 98% 。“12378”热线实现了让“语音多跑腿、群众少跑路”，成为保险消费者反映问题、维护权益的主渠道，成为保险监管机关与广大消费者之间的“连心线”。同时，中国保监会建立保监局局长接待日制度，建立起监管者与消费者“面对面”沟通桥梁。

图 3－1 “12378”热线主要职责

图 3-2 2013 年 7 月 8 日保险公众宣传日公众代表参观“12378”热线中心

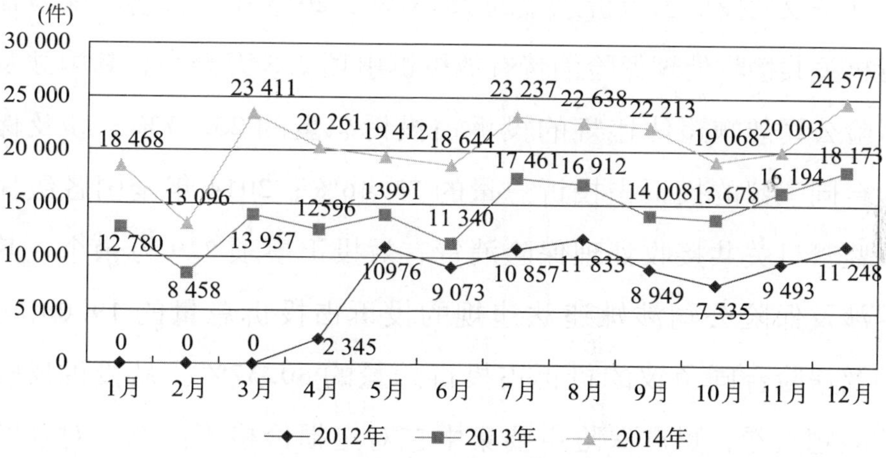

图 3-3 “12378”热线全国转人工呼入总量

（二）依法依规及时处理保险消费投诉

中国保监会制定发布《保险消费投诉处理管理办法》，统一规范包括监管机关、行业协会、保险公司、保险中介机构在内的全行业各单位保险消费投诉处理行为，明确了职责分工、处理时限、告知义务、工作制度和监管要求。各级保险监管机关严格按照《保险消费投诉处理管理办法》的规定，认真做好保险消费投诉处理工作，并指导监督各保险公司、保险中介机构、行业协会依规妥善处理保险消费者反映的诉求。2012 年，全国各级保险监管机关共接收处理保险消费有效投诉事项 1.7 万余个，其中涉及保险公司涉嫌违法违规的投诉占投诉总量的 23.51%，涉及保险合同争议的投诉占投诉总量的 75.31%；2013 年全国各级保险监管机关共接收处理保险消费有效投诉事项 2.2 万余个，其中涉及保险公司涉嫌违法违规的投诉占投诉总量的 23.37%，涉及保险合同争议的投诉占投诉总量的 75.46%；2014 年全国各级保险监管机关共接收处理保险消费有效投诉事项 2.9 万余个，其中涉及保险公司涉嫌违法违规的投诉占投诉总量的 19.00%，涉及保险合同争议的投诉占投诉总量的 80.37%。从投诉反映的问题来看，财产保险主要集中在对定损价格不满意、对理赔时效不满意及对拒赔原因不认可、电销扰民和对费率浮动存有争议等；人身保险主要集中在销售人员夸大产品收益、混淆保险与银行理财储蓄概念、隐瞒免责条款、退保损失过高、保险金给付数额争议等。

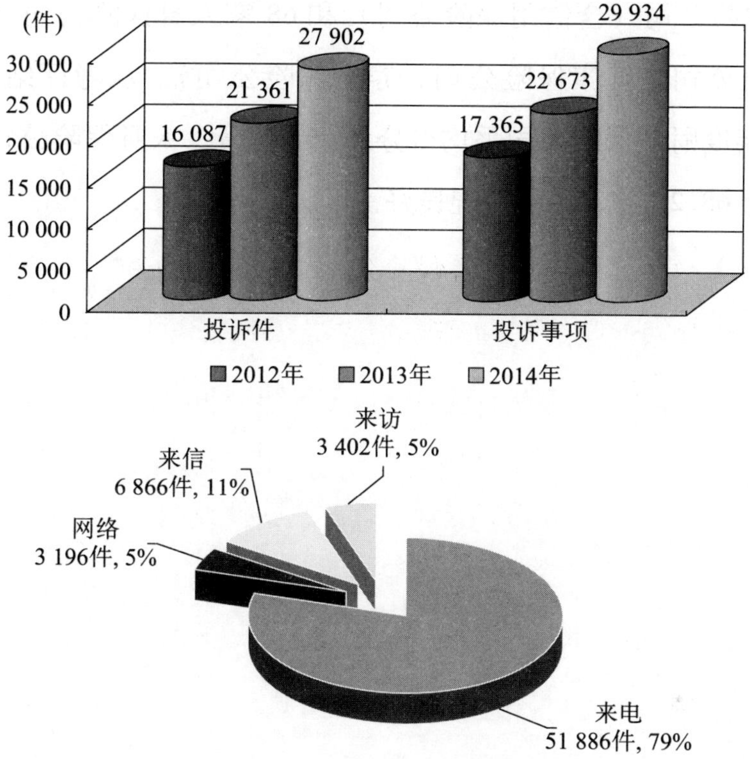

图 3－4　2012～2014 年投诉情况

（三）加强对保险公司消费者投诉处理工作考评

中国保监会于 2013 年建立了保险公司消费投诉处理工作考评制度，确定每年对保险公司消费者投诉处理工作进行全面考评，并予以通报。2014 年初，中国保监会对 130 家保险公司 2013 年度投诉处理工作进行了第一次考评，考评对象包括 62 家财产保险公司（含信用保险公司）和68家人身保险公司（含人寿保险公司、健康保险公司、养老保险公司）。从考评结果看，2013年度财产保险公司平均得分为75.58分，人身保险公司平均得分为68.29分，总体情况良好。

二、建立完善保险纠纷多元化解决机制

充分发挥调解在化解争议纠纷中的积极作用，通过非诉讼的方式维护消费者的合法权益既是全面推进依法治国的内在要求，也是国际上通行的金融保险消费者保护良好经验。近年来，中国保监会立足我国实际，借鉴国内外有效经验做法，探索建立我国保险纠纷多元化解决机制，为保险消费者提供一条便捷、高效、低成本的保险争议纠纷非诉讼解决途径。

（一）推进保险纠纷调解组织建设

2012 年，中国保监会在总结前期试点经验的基础上，开始在各保监局所在城市建立保险纠纷调解组织。2013 年，推动各地级城市保险行业协会逐步建立保险纠纷调解组织，进一步扩大保险

纠纷调处机制覆盖面。截至2014年底，全国各省（自治区、直辖市）已建立了479个保险纠纷调解组织，方便保险消费者就近利用调解方式解决与保险公司的争议。同时，中国保监会要求各地保险纠纷调解组织要加强自身建设，完善调解各项制度，规范调解流程，严格调解时限，扩大调解员队伍并提升调解员业务素质能力，提高调解工作的规范性。2012～2014年，全国各保险纠纷调解组织累计解决案件5.9万余件。

（二）督促保险公司积极参与保险纠纷调处机制

调处机制能否有效发挥作用，保险公司积极参与至关重要。近年来，中国保监会指导保险行业协会组织保险公司各级机构通过签订自律公约的形式参与到各地保险纠纷调处机制中，督促保险公司扭转“重诉讼、轻调解”的倾向，推动保险公司建立调解案件核赔权限动态授予、异地调解授权、及时响应调解、严格履行调解协议等制度，通过纠纷调处平台，诚实守信地与消费者协商解决保险争议纠纷。

（三）与司法机关联合建立保险纠纷“诉调对接”机制

为完善行业调解与司法调解联动工作体系，提高保险纠纷调处机制的执行力和公信力，中国保监会与最高人民法院于2012年底联合制定下发《关于在全国部分地区开展建立保险纠纷诉讼与调解对接机制试点工作的通知》，在我国金融领域率先建立“诉调对接”纠纷多元化解决机制。截至2014年底，全国已有139个设区的市建立了该机制，累计调解案件近4万件。

实践证明，保险纠纷调处机制在及时化解矛盾纠纷，降低保险消费者维权成本，维护纠纷当事人的合法权益等方面发挥了十分重要的作用，使保险消费者真正得到了实惠。同时，保险纠纷调处机制也推动了保险公司提高服务水平，提升了保险业社会形象。

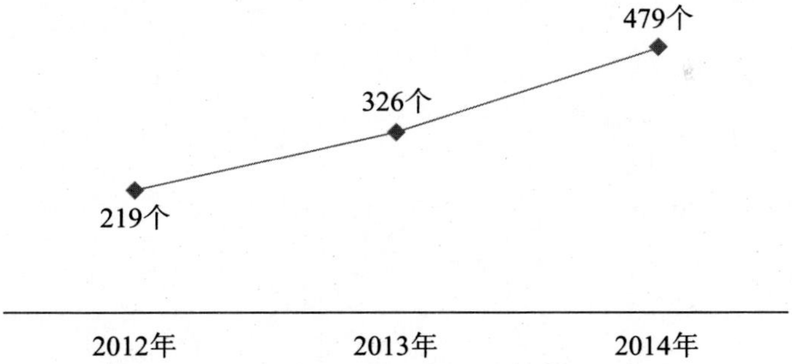

图3－5　近三年保险纠纷调解组织数量

肆

高度重视保险消费者教育和公众宣传

帮助社会公众掌握一定的保险知识、正确认识保险功能作用、提高风险防范和自我保护的能力，是保护保险消费者合法权益的有效手段之一。近年来，中国保监会着力构建多方参与的保险公众教育工作格局，拓展保险知识普及途径，丰富消费者教育内容和形式，进一步提高公众教育的精准度，不断提升消费者的保险知识水平、风险意识和维权能力。

一、搭建保险公众教育工作格局

做好保险公众教育需要多方参与、多管齐下，汇聚保险行业和社会各方面力量深入推进。中国保监会一方面指导各保监局做好辖区保险知识普及宣传，推动各地保险行业协会组织开展行业性的保险公众教育宣传，督促各保险公司将保险消费者教育纳入客户服务体系之中；另一方面，加强与教育行政部门、司法行政部门、消费者组织、高等院校、新闻媒体的沟通联络，共同开展“保险知识进学校、进农村、进社区、进机关、进企业”教育宣传活动。

二、丰富保险公众教育载体和内容

近年来，中国保监会充分利用传统宣传渠道和新兴媒体平台，大力拓展保险知识普及宣传途径，建设完成官方网站、报纸专栏、普及读物、官方微博、官方微信、现场活动“六位一体”的保险知识普及渠道。

（一）在官方网站开辟公众教育专栏

开设“保险知识大讲堂”栏目，内容包括“保险基础知识”“机动车辆保险”“其他财产保险”“人身保险”“保险中介”等，从保险基本原理到实务流程向社会公众宣传保险知识。指导各保监局、行业协会和保险机构利用官方网站平台开设专题教育栏目，为保险消费者建立起方便、权威的保险知识普及渠道。建立保险消费者教育短片视频点播系统。

（二）开通“保险消费者知识园地”官方教育微博

制定《保险消费者教育微博后援专家团队管理办法》，筹建后援专家团队，确定包括各大院校专业学者、相关保险机构及社团负责人在内的后援专家团成员，根据保险消费中的新热点、新动向和消费者关心的问题，编写微博内容，解答消费者疑问。教育微博自2012年开通以来，已发布微博1 330条，粉丝数量超过12万人。

（三）开通官方教育微信“保监微课堂”

2014年9月，“保监微课堂”教育微信正式上线，内容包括“保险基础知识”“热点时事”“案例分析”“壹张图说险”等，基本覆盖现阶段保险消费者教育的各知识领域。该微信使用中国保监会拥有知识产权的卡通形象“晓保”作为主形象，将信息推送与对话式服务相结合，弥补保险消费者教育在移动新媒体方面的空白，进一步完善消费者教育网络。截至2014年底，该微信粉丝人数超过1万人，后台收到留言200余条，累积推送消息和栏目内容300余则。

图4-1 "保监微课堂"

（四）开设报纸教育专栏

自2013年7月起，在《中国消费者报》开设保险消费者教育专题栏目，对保险消费者保护情况、新《消费者权益保护法》、《保险消费者投诉管理办法》、重疾险、航空意外险、车险、儿童保险、互联网保险等进行介绍，累计刊发稿件31篇，并在中国消费者网同步刊登。

（五）编辑出版保险知识普及读物

2014年3月，由中国保监会保险消费者权益保护局组织编写的第一套保险知识普及读物——"小保学保险系列丛书"正式出版发行。本套丛书运用通俗易懂的语言，图文并茂地向读者讲解保险基本知识与功能作用，释清保险消费误区，提示保险消费风险和注意事项，有效提升了保险知识普及的系统性和针对性。该丛书被国家新闻出版广电总局纳入2014年度农家书屋采购目录。

图4－2　在“3·15”保险消费者权益保护系列活动新闻发布会上，中国保监会、中国保险行业协会、保险保障基金公司的负责人分别向国家图书馆、国家农村书屋工程和2所中学赠送“小保学保险系列丛书”

（六）开展保险公众教育专项活动

每年“3·15”期间在全国范围组织开展保险消费者权益保护系列主题活动，通过刊发宣传稿件，设置宣传展板、宣传栏，发放宣传资料等形式宣传保险知识；指导保险公司各级机构开展总经理接待消费者活动和保险服务长效行动。设立“7·8”保险公众宣传日，组织全行业通过一系列活动展示保险业和经济社会生活的紧密联系，传播保险的历史和文化、保险的理念和知识，展现保险业履行社会责任的各项工作。组建保险消费者教育讲师团，巡回宣讲保险知识。推动保险公司与街道社区、乡镇团体、大中小学组成共建对子，开设保险图书室、社区保险宣传橱窗、社区保险服务站，举办社区公益活动。举办“保险消费者权益保护有奖征文活动”，开展“保险消费者宣传月”“明明白白买保险”等主题活动。

图 4－3　“7·8”全国保险公众宣传日启动仪式

图 4－4　中国保监会召开“3·15”保险消费者权益保护专题记者会

伍

严肃查处各类损害保险消费者合法权益行为

查处是纠正损害消费者合法权益行为的震慑性手段，是保护消费者权益的最有力的屏障。对损害消费者合法权益行为，中国保监会坚持“零容忍、严执法”的高压态势，架起打击损害消费者权益行为的“高压线”，强化保护消费者权益的“防护网”。

一、加大保险产品审查监管力度

保险产品不规范、不合理是引发损害保险消费者合法权益行为的根源之一。近年来，中国保监会严格产品审查，提高保险产品合规性和合理性。在财产保险产品管理方面，修改《财产保险产品管理办法》，强化财产保险公司产品管理的主体责任，规范财产保险产品开发关键环节的操作；严格审核报批报备产品，依法处置问题产品，对存在产品管理问题的保险公司下发了监管函，叫停了“雾霾险”等14个问题产品，对多次出现产品报备问题的保险公司采取禁止申报新产品的处罚措施；严肃查处产品违规行为，对产品报行不一的财产保险公司开展专项检查，依法对涉案公司和相关责任人实施行政处罚。在人身保险产品管理方面，研究完善产品管理制度，明确人身保险公司产品开发的主体责任，加强产品事中、事后监管，强化事后追责；针对条款和费率厘定不合理、产品精算报告不完备等可能导致后续发生失信行为的问题，对相关公司发出监管意见函，并对部分公司的总精算师和法律责任人进行监管谈话。

二、查处损害保险消费者合法权益的不法行为

中国保监会完善现场检查工作细则，规范检查工作流程，提高检查工作的科学性和有效性。坚持抓大公司、抓典型公司、抓重点领域，整合监管力量，加大现场检查和处罚力度。2012 年，保险监管机关全年共派出 3 025 个检查组，对 3 044 家保险机构进行了现场检查，对 778 家机构和 946 人实施了行政处罚。2013 年，保险监管机关全年共派出 2 493 个检查组，对 2 511 家保险机构进行了现场检查，直接检查总公司 19 家，对 639 家机构和 820 人实施了行政处罚。2014 年，中国保监会在做好日常现场检查工作的同时，重点开展对四个领域的大检查。开展公司治理现场检查，选取 16 家有代表性的保险公司进行检查；联合财政部开展农业保险专项检查，覆盖 11 家产险机构的 166 家分支机构；开展大病保险合规性检查，采取异地交叉检查方式，共检查 121

个大病保险项目；开展保险中介市场清理整顿，对 500 多家保险公司和保险中介机构进行了现场检查。通过专项检查，震慑了损害保险消费者权益的不法行为，树立了监管权威。

三、打击保险欺诈和非法集资

保险欺诈行为直接影响保险公司资金安全，最终损害了已购买保险产品、享受保险服务的消费者的整体利益。非法集资侵害社会公众财产权益，影响社会稳定。严厉打击保险欺诈和非法集资等违法行为，是保护保险消费者和社会公众合法权益的一项重要工作。近年来，中国保监会不断加大工作力度，制定出台《保险业反欺诈指导意见》，组织开发试点车险反欺诈系统，提示互联网保险诈骗风险。建立内地与港澳反欺诈监管合作机制，中国保监会、香港保险业监理处与澳门金融管理局在澳门签署了三地反保险欺诈监管合作协议。2013 年，中国保监会组织开展车险欺诈专项检查，全行业共报告车险欺诈刑事案件 158 起，涉案人员 436 人，涉案金额 4 436 万元，车险经营外部环境明显优化。2014 年，中国保监会稳步推进“反欺诈、反洗钱、反非法集资”

工作，联合公安部门开展打击反保险欺诈犯罪的“安宁行动”，向经侦部门移送保险欺诈线索共计 5 599 条。组织做好非法集资案件排查工作，开展防范打击非法集资宣传月活动；加大案件问责力度，完成 151 起案件督办问责，问责 403 人，倒逼保险机构高管增强打击非法集资的责任意识和风险防范意识。

陆

加强透明度监管与信息披露

加强信息披露是解决保险消费者信息不对称问题的有效措施，也是保护消费者合法权益的国际通行做法。“阳光是最好的消毒剂。”近三年来，中国保监会以公开为原则，通过加强透明度监管和信息披露，及时、主动公开保险公司经营和保险监管中涉及消费者权益的相关情况，不断加强保险消费风险提示，增强行业透明度，为保险消费者合理做出消费选择提供信息支持。

一、加强监管信息公开

解决保险消费者信息不对称问题，首先需要保险监管机关做好信息披露工作，为消费者提供权威的信息，帮助消费者正确认识保险产品和功能、客观评价保险公司。

（一）全面公布监管政务信息

中国保监会严格按照政府信息公开要求，通过官方网站全面公布保险监管政策法规、行政许可、行政处罚、工作动态、统计数据等信息。为加大与保险消费者利益相关的监管信息披露力度，2013 年中国保监会对官方网站进行重新改版，增设消费者保护专区，集中公布保险消费者权益保护各项规章制度和相关信息。

（二）定期公布与保险消费者利益相关信息

2012 年以来，中国保监会每季度向社会公布保险公司被投诉数据和被投诉的集中问题，每年通报保险公司消费投诉处理工作考评情况、财产保险积压未决赔案清理情况、人身保险消费者满意度测评情况等。2014 年，中国保监会进一步丰富信息披露内容，向社会公布 5 起损害保险消费者合法权益典型案例。

（三）及时发布保险消费风险提示

中国保监会根据保险消费市场不同时期的热点和保险消费者投诉反映的突出问题，采取定期与不定期相结合的方式，通过报刊媒体、互联网络等各种途径，及时发布各类保险消费风险提示，向社会公众揭示保险消费中的风险点、提示保险消费注意事项。针对保险产品销售中存在的问题，中国保监会先后发布了《关于合理购买人身保险产品的公告》和《关于在银邮代理机构购买人身保险产品有关注意事项的公告》，要求所有代理销售保险产品的银行邮政储蓄机构要在营业场所张贴投保提示公告，提高消费者的风险辨别能力，引导消费者理性合理购买保险产品。针对保险理赔给付问题，中国保监会先后就社会公众关心的交强险、商业车险理赔进行风险提示，还结合突发灾害发布理赔指引。如在北京“7・21”暴雨灾害处置期间、“4・20”四川芦山地震发生后，中国保监会及时发布提示，指导帮助保险消费者进行理赔。2012～2014 年，全国各级保险监管机关发布各类保险消费风险提示累计超过 1 万次。

二、督促保险公司加强涉及消费者利益相关信息的披露

保护保险消费者知情权的关键就在于保险公司要全面、真实、准确地公布与保险消费者利益相关的各类信息。

（一）推动保险公司主动公布信息

中国保监会制定发布了《保险公司信息披露管理办法》，规定了保险公司信息披露的内容、披露的方式和时间、披露工作要求等，督促保险公司做好信息披露工作。同时，中国保监会下发相关文件，要求保险公司在官方网站、营业场所醒目位置公布保险产品条款和服务承诺有关信息，以清晰和通俗的语言向消费者说明保险产品和服务，重点突出保障范围、免责条款、预期收益

等与消费者利益密切相关的内容，并对免责条款做出足以引起消费者注意的提示和明确说明；在保险合同存续期间，及时向消费者披露该产品相关的信息。

（二）探索建立第三方评点制度倒逼保险公司公布信息

2012 年以来，中国保监会积极创新工作方式方法，探索建立保险产品第三方评点制度，组织高等院校和研究机构的保险学者、法律专家组成评点专家团，以社会公众的视角，对保险公司公布的产品信息进行独立客观地分析点评，并以通俗易懂的语言将评点结果向社会发布。通过第三方专业人员的评点，使社会公众明白了晦涩难懂的保险名词真实含义，加深了对保险条款的理解，增进了对保险知识的了解；也对保险公司公布的产品和服务信息是否全面、真实、客观进行了评判，倒逼保险公司完善产品管理和做好信息披露工作。

柒

积极推进保险业信用体系建设

诚信是市场经济的基石，更是保险业的生命线。保险业作为经营风险和信用的特殊行业，最大诚信是保险经营的基本原则，是保险业的立业之本。近年来，中国保监会深入贯彻落实党中央、国务院关于建立健全社会信用体系的决策部署，以保险业信用体系建设带动行业诚信建设，坚持教育与惩戒并重，大力推进“重信用、讲诚信”的保险业生态建设。

一、编制保险业信用体系建设规划

根据国务院《社会信用体系建设规划纲要（2014—2020年）》的要求，结合保险业实际，2014年，中国保监会与国家发展和改革委员会联合编制了《中国保险业信用体系建设规划（2015—2020年）》，在全面摸清保险业信用体系建设现状和深入分析行业信用体系建设所面临形势要求的基础上，提出了保险业信用体系建设的指导思想和工作原则，明确了到2020年保险业信用体系建设总体目标和具体任务，为有序有效建立保险业信用体系提供了路径选择。

二、严格推进依法行政

政务诚信是社会诚信的先导和表率，依法行政是政务诚信的核心。作为国务院保险监督管理机构，中国保监会严格推进依法行政。一是科学民主决策，确保监管政策的科学性、连续性与稳定性，提高保险市场主体和消费者对监管机关的信任度。二是抓好行政审批制度改革，在防范金融风险、提高服务质量的前提下，按照《中华人民共和国行政许可法》和国务院有关要求，进一步取消和下放了行政审批权力，并以此作为保险监管职能转变的突破口。三是切实推进政府信息公开工作，维护公众的知情权、参与权和监督权，提高监管工作的透明度和公信力。四是加强行政效能监察，开展机关作风和效能建设，全面落实党风廉政建设责任制，确保监管机关勤政廉政、依法行政，实现政务诚信。

三、大力培育行业诚信文化

诚信文化是保险业的根基，保险行业核心价值理念是保险诚信文化的精髓。2013 年，中国保监会在广泛征集意见和深入研究凝练的基础上，向全社会发布了“守信用、担风险、重服务、合规范”的保险业核心价值理念，确立了保险业生存和发展的根本价值取向，深刻影响着保险从业人员的思想观念、思维方式和行为规范。与此同时，中国保监会要求保险经营机构和保险从业人员坚持“客户第一，服务至上”，把诚实守信贯彻到内控管理各环节和行为之中，建立严格的信用管理体系，严格服务标准，规范服务流程，以诚信赢得客户，以服务赢得市场。

图7-1 在中国保监会“3·15”保险消费者权益保护系列活动新闻发布会上，产险和寿险公司代表宣读服务承诺

四、多措并举开展专项治理

针对保险行业失信行为最为突出的销售误导和理赔难问题，中国保监会下大力气加以整治。一是全面推进人身险销售误导治理。完善人身险销售误导治理制度机制，加强客户资料真实性管理，加大检查监督力度，强化保险公司销售误导责任追究，推进人身保险条款通俗化、简单化和标准化。二是扎实开展财产险理赔难治理。建立车险理赔服务评价指标体系，推动理赔服务标准化，加快商业车险条款费率管理制度改革。开展财产保险积压未决赔案清理并建立长效机制，督促保险公司提高理赔效率。三是对保险欺诈、制售假保单、骗保骗赔、非法集资等严重扰乱保险市场秩序的行为开展专项治理，加大查处力度。

五、加快搭建信用信息平台

信息化是整个保险业信用体系建设的基础与前提。中国保监会指导全行业依托中国保险信息技术管理有限责任公司研究建立保单登记系统，实现对全国范围内所有保单信息的集中动态登记；整合全国车险信息共享平台，提高交强险及商业车险数据真实性；研究开发车险反欺诈信息系统，推动行业提高反欺诈能力；完善保险机构和高管人员管理系统，对保险机构和高管人员信息进行集中管理和动态监控；改进保险中介监管信息系统，实现对保险专业中介机构及高管人员、保险中介从业人员行业准入、执业行为的全程监管；推动信用信息标准化建设，统一保险信用信息各主体的识别代码，建立从业人员和投保人的信用档案并确定技术标准，实现保险市场参与者的信用信息在行业内部共享，搭建统一的保险业信用信息平台。

六、加大保险业信用宣传教育力度

中国保监会对全行业宣传思想文化工作进行总体规划部署，强化行业核心价值理念的宣传教育，推动核心价值理念融入保险公司各项规章制度，建立健全诚信文化建设长效机制；指导全行业通过组织宣讲、集中学习、知识竞赛、征文演讲等多种方式，深入开展保险业核心价值理念学习教育；与中国保险行业协会、中国保险学会联合向全行业征集诚信文化建设典型案例，并开展案例展评活动；充分运用各类宣传平台，宣传行业诚信文化建设活动成果。2012 年，中国保监会联合中国保险行业协会组织开展保险业“十佳服务标兵、十佳服务窗口”评选和典型宣传工作，深入挖掘服务典型的引领示范带动效应。2014 年，中国保监会联合人力资源和社会保障部开展全国保险系统先进集体和先进个人评选工作，确定 60 家先进集体、15 名先进工作者和 120 名劳动模范人选，切实把一批模范践行社会主义核心价值观、认真践行保险业核心价值理念、积极投身保险业改革发展实践的先进典型挖掘出来。

图 7－2 保险信用体系建设海峡两岸经验交流对话

专题 I

重点行动

一、治理车险理赔难

随着我国经济社会的快速发展，汽车日益普及，并成为人民群众工作生活的重要工具。车险作为弥补交通事故损失、确保受害人得到及时有效救助的重要保障，在经济社会发展中的作用和影响日益凸显。理赔服务是保险公司履行合同义务、体现保险业社会价值的重要标志。加强和改进理赔服务，解决同人民群众关系最紧密、感受最直接、利益最明显的"理赔难"问题，是贯彻落实科学发展观、保护消费者合法权益的迫切需要，也是保险监管工作践行群众路线、解决民生问题的重要职责。中国保监会针对车险理赔服务存在的问题和社会公众的现实需求，将提升车险理赔服务质量、综合治理车险"理赔难"作为保险监管核心工作，从完善产品保障责任、建立健全行业理赔标准、加大服务资源投入、强化理赔违法违规行为处罚力度等方面入手，创新理赔服务机制和手段，重点解决消费者反映强烈的理赔速度慢、手续繁、责任与价格争议大等突出问题。

（一）主要做法

1. 建章立制，明确服务标准

制度具有规范性和强制力，是综合治理车险“理赔难”的重要保证。中国保监会进一步建章立制，明确服务标准。一是出台《机动车辆保险理赔管理指引》。从制度建设、组织架构、控制机制、资源配置等方面明确公司车险理赔管理中应达到的基本要求，夯实理赔管理和服务基础。二是制定《车险理赔服务指标体系》。建立理赔服务的评价口径和标准，科学评价财产保险公司理赔服务管理、服务质量和水平，为消费者选择服务好的保险公司提供客观依据。三是简化索赔单证标准。制定了《机动车保险理赔行业标准化单证（2013 版）》，对各种类型案件下需要被保险人提供的索赔单证进行简化和规范。

2. 创新机制，加强理赔管理

中国保监会在引领公司履行赔偿义务、提高理赔效率的同时，不断创新机制，丰富服务内涵，加强理赔管理。一是推动建立人伤纠纷调解机制。积极推动厦门等地保险业试点参与赔偿纠纷一体化调处，与法院、司法、公安联合为事故各方提供定责、鉴定、调解、诉讼、理赔等“一站式”服务。调处成功率达到95%以上，丰富了保险理赔服务内涵，群众满意度高。二是强化理赔人员管理。在上海、北京等地开展查勘定损人员资格管理试点基础上，推动制订全国车险查勘定损员资格考试及管理方案，稳步提升理赔人员技术水平和服务能力。三是加强理赔信息化建设。指导保险行业协会利用信息平台与公司理赔系统数据实现实时对接及全流程监控，约束公司提高理赔效率；同时，通过信息共享和比对，提高对车险骗赔行为的识别和打击能力。

3. 严格监管，确保制度落实

强化监督检查是确保治理车险“理赔难”相关制度、措施落实到位的重要环节。中国保监会进一步强化监管，确保各项制度落到实处。一是将车险理赔服务作为现场检查重点内容，对存在恶意拖赔惜赔、无理拒赔的保险机构，依法加大查处力度。重庆、江苏等地先后查处了10余起违规理赔损害消费者利益的案件，对涉案机构罚款64万元，对责任人罚款20万元，保障了人民群众切身利益。二是持续开展积压赔案清理工作，加强赔案管理和考核监督，落实责任制，认真纠正赔案处理中各类违法违规行为。通过清理工作，不仅发现了一些损害保险消费者权益的违法违规问题，也发现了一些影响理赔服务质量的突出问题和难点问题。中国保监会在对上述违法违规行为进行严厉处罚的基础上，督导相关保险公司积极整改，切实维护保险消费者合法权益。三是开展车险理赔现场测评。各地保监局对车险理赔服务情况进行现场测评，有的地区还邀请社会监督员、媒体记者等外部人士参与测评，并将测评情况向社会公开，提高车险理赔服务透明度。

4. 加强引导，强化公司责任

按照《中国保监会关于综合治理车险理赔难的工作方案》的有关要求，各财产保险公司积极承担主体责任，扎实推进治理车险理赔难工作。一是理赔运营保障不断夯实。理赔人员和理赔设备配置更加合理，理赔队伍建设明显加强，理赔人员专业化技能明显提高。二是内控管理制度不断完善。赔案管理和数据管理制度不断完善，车险理赔服务质量考核监督体系有效搭建，车险理赔回访和抽样复核制度不断健全，理赔内控管理质量进一步提高。三是理赔流程不断优化。各保险公司结合本地区实际情况，纷纷出台了车险小额案件理赔流程、车险小额案件理赔实务等相关制度，理赔标准化建设不断完善，理赔手续更加简便，理赔速度更加快捷，理赔服务质量明显提高。四是理赔特色服务稳步推进。交强险互碰自赔和交通事故快处快赔工作稳步推进，客户体验不断优化。微信理赔系统、移动查勘定损系统、3G视频查勘定损系统等先进信息化工具已在理赔服务工作中得到了广泛应用，理赔服务品质和理赔服务效率明显提高。

（二）主要成效

通过积极努力，车险“理赔难”治理工作取得了政府、消费者满意和行业受益的良好成效。

1. 提升了保险业服务社会管理的能力

理赔服务持续改善，保险保障和社会管理功能日益凸显，得到了各级政府的肯定和认可：一是保险业配合公安、交警等部门处理交通事故的效率不断提高，大幅缩短事故车辆现场滞留时间，提高了道路通行效率。二是保险业积极参与北京“7·21”暴雨、“4·20芦山地震”等的抗灾救灾工作，切实保障了人民群众利益。三是保险业参与一体化调处等创新机制和做法，有效化解了社会矛盾，最高人民法院予以充分肯定：“先行先试效果好，有效解决了群众理赔难和诉讼难问题”。

2. 提高了消费者满意度

随着车险理赔服务质量的提高和服务态度的改善，人民群众对保险理赔服务的满意度不断提高：一是车险理赔关键指标持续改善。推动产险公司优化理赔流程，车险万元以下赔案从客户报案至赔款支付完成的平均时间，由 2012 年的 90. 4 天缩短至 2014 年的 21. 2 天。二是理赔服务态度明显改善。保险公司与客户沟通主动性明显增强，理赔手续不断简化，投诉渠道更加畅通，投诉处理及时有效，提升了消费者对车险理赔服务的参与度和认可度。

3. 改善了保险业社会形象

通过治理车险理赔难问题，行业形象明显改善。通过专项治理行动，加强理赔服务管理、持续改进理赔服务的理念已经深入人心，不仅成为行业的行动指南，也在全社会营造了浓厚的舆论氛围。新技术、信息化等手段在理赔服务中的运用，进一步提升了保险业服务水平和客户体验感受。通过媒体对保险业在重大自然灾害中提供及时高效救灾和理赔服务的广泛报道，切实提高了保险业的社会认可度，进一步改善了保险业的社会形象。

二、治理人身保险销售误导

为治理好人身保险销售误导这一顽疾，中国保监会把治理销售误导列为重点工作之一，确定了“突出重点、长短结合、标本兼治、综合治理、惩防并举”的治理原则，提出要用3～5年的时间建立和完善治理销售误导工作的长效机制，使保险消费者的合法权益得到切实保护。

（一）主要做法

1. 健全完善制度体系

有效根治销售误导问题的关键是建立和完善治理销售误导的长效机制。中国保监会在分析总结过往治理销售误导经验的基础上，针对当前销售误导的主要特征，积极创新，制定出台了一系列制度文件。一是为规范对人身保险销售误导行为的认定，明确执法标准，制定出台《人身保险销售误导行为认定指引》。二是为强化各人身保险公司对销售误导问题的责任追究力度，有效遏制销售误导行为，制定出台《人身保险公司销售误导责任追究指导意见》。三是为科学合理地评价综合治理销售误导工作，督促各人身保险公司持续认真治理销售误导，制定出台《人身保险业综合治理销售误导评价办法（试行）》。四是为解决客户信息不真实问题，打好治理销售误导的客户信息数据基础，制定出台《人身保险客户信息真实性管理暂行办法》。

2. 精心组织自查自纠

为督促各人身保险公司严格落实执行监管规定，提高内控管理水平，2012 年中国保监会组织 56 家人身保险公司对银邮代理渠道、48 家人身保险公司对个人营销渠道、35 家人身保险公司对电销渠道进行了销售误导自查自纠。为有力督导各人身保险公司开展销售误导自查自纠，防止出现避重就轻、走过场等问题，中国保监会针对电销、银保、个险渠道和客户回访四个方面制定了相应的自查自纠工作表，梳理出 158 个自查风险点，明确了自查重点，进一步宣讲了监管政策和要求。据统计，全行业合计暗访兼业代理网点 6.9 万个、产品说明会 3.1 万场，对 9.1 万名营销人员和344.9万件保单进行了抽查，共发现内控缺陷2 747项、存在各类销售瑕疵的保单43万件、涉及销售误导问题的营销员2.6万人次、存在销售误导问题的产品说明会851场。为推动各人身保险公司分支机构扎实开展自查自纠，各保监局还认真开展督导，累计派出督导组172个，督导人员1 301人次，对1 501家分支机构开展了督导巡查。中国保监会在自查自纠工作结束后及时将有关情况向行业进行了通报，督促各人身保险公司切实做好后续整改落实工作。

3. 营造舆论监督环境

中国保监会加大对销售误导行为的信息披露力度，通过外部舆论监督倒逼公司治理销售误导。2012年，中国保监会对平安人寿营销员发送含有误导内容短信和交银康联等9家公司未在网站公示投保提示书基准内容进行了通报；2014年，中国保监会对中国人寿林州支公司、民生人寿广西分公司、工商银行沈阳和睦路支行3起销售误导典型案例进行通报，获得了较好的社会反响，中央电视台等诸多主流媒体进行了转载报道，让相关公司切实感受到舆论监督的压力。部分保监局尝试推行人身保险服务质量监督卡，发挥投保人对销售行为的监督作用。

4. 做好消费风险提示

做好风险提示工作，提高消费者识别防范销售误导的能力是治理销售误导的一项关键措施。中国保监会通过制作“保险知识大讲堂”网络版、开通“保险消费者知识园地”官方微博、“保监微课堂”官方微信、在《中国消费者报》开辟保险消费者教育专栏、编印出版保险知识普及读物“小保学保险系列丛书”等措施，积极普及保险消费知识，加强消费风险提示，引导消费者科学理性消费。

5. 严肃查处违规行为

为切实保护保险消费者合法权益，加大对销售误导问题的查处力度，督促各人身保险公司主动加强销售管理，中国保监会组织开展销售误导专项检查，重点检查个险渠道、银保渠道和电销渠道的销售管理和销售行为是否依法合规，内控制度是否健全合理有效。仅 2012 年一年，中国保监会和各保监局就累计派出检查组 1 176 个，检查人员 4 018 人次，检查人身保险公司各级机构 1 189 家次；共对 307 家人身保险公司各级机构实施了行政处罚，累计罚款 2 373.6 万元，同时对 452 名相关责任人处以警告、罚款，合计罚款 461 万元。此外，部分保监局还组织开展了行业自律检查，并依据自律公约对违法违规问题进行了处理，各人身保险公司也依照内部规定追究销售误导责任人 93 842 人次，其中对中支以上层级的高管人员追责 1 289 人次。

（二）主要成效

在监管机关和各人身保险公司的齐心努力下，综合治理销售误导工作取得了阶段性成效。

1. 保险公司依法合规经营意识明显提高

经过监管机关和各人身保险公司对治理销售误导必要性和重要性的大力宣导和一系列治理措施的实施，公司各级高管人员和基层销售人员真正感受到了来自监管机关、舆论媒体宣传和销售误导自查自纠工作所施加的强大内外部压力，合规经营的自觉性和主动性显著提升，逐渐将“要我合规”转变为“我要合规”，对销售过程中“什么能做”“什么不能做”有了更为清晰的判断。

2. 保险公司内控管理水平不断提升

各人身险公司通过自查自纠发现并弥补了一系列内部控制漏洞和相关制度规定方面的不足，提高了公司内控管理水平，推动了监管制度有效落实。据统计，仅 2012 年各人身保险公司共新建和完善制度 736 项次，升级改造系统 326 项次。部分公司通过改造系统实现对客户回访信息真实性的管控；部分公司通过完善电销系统实现对呼出时间和号码的管控，减少电话扰民问题；部分公司通过改造银保通系统实现对银行网点和柜员销售资格的有效管控。

3. 销售误导问题得到初步遏制

近几年，综合治理销售误导工作获得了人民群众和媒体舆论的正面评价和支持，特别是监管机关主动曝光销售误导违法违规行为的行动，表明了行业治理销售误导的决心和信心，更是获得了舆论的好评。通过近几年的综合治理，初步遏制住销售误导问题继续恶化的趋势。

三、开展财产保险积压未决赔案清理

为切实解决消费者关注的“理赔难”问题，从 2012 年起，中国保监会组织开展了全国财产保险积压未决赔案清理专项工作。

（一）总体情况

截至 2014 年 9 月 30 日，财产保险积压未决赔案共计 1 055. 59 万件，清理赔案 734. 89 万件，件数清理率 69. 62%；积压未决赔案金额共计 1 741. 01 亿元，清理金额 950. 99 亿元，金额清理率 54. 62%。实际赔付案件 505. 16 万件，赔付金额 947. 17 亿元。

1. 涉及民生、百姓关注的险种清理率高

与农户、个人消费者利益相关险种的件数和金额清理率高，特别是涉及三农、政策性（健康险）和家庭类（家财险、车险）险种高于行业平均数。件数清理率高于行业平均数（69.62%）的险种有：农险、家财险、商业车险和交强险。金额清理率高于行业平均数（54.62%）的险种有：农险、健康险、家财险、交强险、商业车险和意外险。

2. 大中型财险公司未决赔案存量得到有效控制

2014 年，14 家大中型财险公司①共核查积压未决赔案 964.22 万件，同比增长 0.24%。在承保业务快速发展的同时，未决赔案存量与上年度基本持平。大中型财险公司的件数清理率 69.36%，累计清理赔案 668.77 万件，占行业清理赔案的 91.00%；金额清理率 56.33%，累计清理金额 857.63 亿元，占行业清理金额的 90.18%。其中，人保财险、平安财险和安邦财险三家公司实现未决存量同比下降：人保财险同比减少 37.76 万件，同比下降 9.17%；平安财险同比减少 15.69 万件，同比下降 5.77%；安邦

① 大中型财险公司是指 2013 年原保险保费收入市场份额占比超过 1% 的财产保险公司，共计 14 家。

财险同比减少 2.31 万件，同比下降 28.12%。

3. 小额赔案清理效果显著

从已清理积压未决赔案涉及的金额分析，3 000 元以下的小额赔案共清理 521.10 万件，件数清理率为 86.14%；3 000～10 000 元的普通赔案共清理 79.10 万件，件数清理率为 83.50%。3 000 元以下的小额赔案件数清理率超过行业 16 个百分点，清理效果显著。

4. 清理率呈现区域片状分布

从各地区件数清理率看，西藏自治区清理率最高，东北、华北和东南沿海地区清理率较高。件数清理率前十位的地区分别为：西藏自治区（80.11%）、甘肃省（79.85%）、内蒙古自治区（77.17%）、福建省（75.16%）、广西壮族自治区（75.13%）、江苏省（74.72%）、宁波市（74.14%）、黑龙江省（73.49%）、陕西省（72.47%）、山西省（72.24%）。从各地区金额清理率看，东北、华北、中南和西南地区清理率较高。金额清理率前 10 的地区分别为：西藏自治区（73.89%）、甘肃省（73.44%）、吉林省（68.05%）、内蒙古自治区（66.97%）、黑龙江省（66.19%）、青海省（66.08%）、云南省（64.29%）、陕西省（63.90%）、福建省（63.49%）、山东省（62.77%）。

（二）主要成效

1. 积压未决赔案得到有效控制

近三年来，财险市场原保险保费收入[①]连续同比增速超过15%，而积压未决赔案总量同比增幅在4%以内。特别是我国连续遭受台风“纳沙”“梅花”、西南夏秋连旱、北京“7·21”暴雨、台风“布拉万”“海葵”、东北洪涝风雹灾害、台风“尤特”“菲特”等重大自然灾害的背景下，全行业积极应对灾害，加大赔案清理力度，积压未决赔案总量未出现大规模增长。

2. 未决赔案数量呈下降趋势

通过重点清理未决案龄较长的历史疑难案件，着力解决拖赔等问题，两年以上未决赔案数量和占比大幅下降，财产保险沉积的历史疑难案件清理效果显著。从存量上看，两年以上未决赔案数量从2012年305.47万件，下降至2014年87.72万件。从占比上看，未决案件总量占比从2012年的30.34%，下降至2014年

---

① 原保险保费收入数据见“财产保险公司原保险保费收入情况表”，http://www.circ.gov.cn/web/site0/tab5202/。

的 8.31% 。

3. 案件赔付周期不断缩短

近三年来，保险监管机关加大治理“理赔难”工作力度，各公司积极优化理赔服务流程，案件赔付周期不断缩短。以 2014 年 12 月 31 日报案案件（未决案龄小于 1 天）作为样本集，抽样统计财产保险各年 1 万元以下赔案理赔周期（从客户报案至赔款支付完成的平均时间）：2013 年全险种赔付周期 24.54 天，同比下降 73.14% ；2014 年全险种赔付周期 21.31 天，同比下降 13.18% 。统计结果显示，自 2012 年以来，全险种、车险、非车险案件赔付周期均逐步缩短。

4. 消费者权益得以保障

全行业以保护消费者合法权益为目标，重点清理涉及自然人的案件。近三年财险公司涉及自然人案件的清理率分别为：2012 年 69.38% 、2013 年 69.85% 、2014 年 71.27% ，且同期内涉及自然人案件清理率高于非自然人案件。

四、加强“12378”维权热线建设

2012 年 4 月 26 日，中国金融管理部门首个全国性统一的投诉维权专线——“12378”保险消费者投诉维权热线正式开通。2014 年，中国保监会加强“12378”热线建设，建成覆盖所有保监局的“12378”热线服务网络体系。经过三年的运行，“12378”热线已经打造成为保险消费者表达诉求的主要渠道和保险消费者利益保护的重要平台。

（一）“12378”热线运行情况

1. 热线接通率情况

2012 年 4 月 26 日至 2014 年 12 月 31 日，“12378”热线全国

转人工的呼入总量累计为496 885个，接听总量累计为472 513个，接通率达到95.10%；月均接听量14 766个，日均接听量701个。消费者对坐席服务情况评价良好，满意度指标三年来均在98%以上。

从各呼叫分中心话务分布来看，除总中心外，上海、广东、山东、河南分中心电话接听量较多，天津、上海、河北、福建分中心接通率较高，福建、湖南、新疆、河北分中心满意度较高（详见表1－1）。

表1－1 “12378”热线开通以来总中心和14个分中心话务情况统计表

序号	中心名称	转人工呼入量（个）	实际接听量（个）	接通率（%）	满意度（%）
1	总呼叫中心	170 024	161 455	94.96	98.83
2	天津分中心	15 058	14 585	96.86	98.69
3	河北分中心	30 682	29 443	95.96	99.12
4	辽宁分中心	16 762	15 263	91.06	96.11
5	上海分中心	37 764	36 687	97.15	98.84
6	江苏分中心	28 682	26 285	91.64	98.82
7	浙江分中心	19 017	18 094	95.15	99.10
8	福建分中心	16 145	15 497	95.99	99.54
9	山东分中心	31 457	29 513	93.82	98.28
10	河南分中心	30 168	27 381	90.76	99.06
11	湖南分中心	18 032	15 787	87.55	99.26
12	广东分中心	36 832	34 147	92.71	97.77
13	四川分中心	22 549	21 045	93.33	97.90
14	新疆分中心	10 330	9 614	93.07	99.37
15	深圳分中心	13 357	12 408	92.90	98.37

注：该报表数据为系统生成数据，不含手工录入数据。

2. 热线工单记录情况

2012 年 4 月 26 日至 2014 年 12 月 31 日，“12378”热线共记录工单 468 778 件，形成有效投诉举报件共计 109 801 件，有效投诉率为 23.42%；形成咨询件共计 182 680 件，工单量占比为 38.97%；其他件共计 176 297 件，工单量占比 37.61%。

3. 热线反映投诉情况

从近三年热线投诉涉及的地区看，全国 36 个省（区/市）中，投诉举报量居前十位的地区依次为：北京（13 461 件）、江苏(10 222 件)、广东（9 936 件）、河南（7 079 件）、河北（6 888 件)、福建（6 508 件）、上海（6 202 件）、辽宁（5 831 件）、山东（5 175 件）、天津（5 075 件）。上述 10 个地区的投诉量占有效投诉总量的 69.60%。从近三年热线投诉涉及的保险公司看，涉及财产险公司的投诉量居前 5 位的公司依次为：人保财险（12 514 件）、平安财险（10 160 件）、太平洋财险（7 565 件）、阳光财险（3 201 件）、中国人寿财险（3 070 件）；涉及人身险公司的投诉量居前五位的公司依次为：中国人寿财险（14 429 件）、平安寿险（7 368 件）、新华人寿（6 273 件）、泰康人寿（5 638 件）、太平洋寿险（4 928 件）（见表 1－2、表 1－3、表 1－4）。

表1-2 "12378"热线开通以来投诉情况按地区统计表（前20位）

序号	地区	投诉量（件）
1	北京	13 461
2	江苏	10 222
3	广东	9 936
4	河南	7 079
5	河北	6 888
6	福建	6 508
7	上海	6 202
8	辽宁	5 831
9	山东	5 175
10	天津	5 075
11	四川	4 649
12	浙江	4 365
13	陕西	4 026
14	湖北	3 105
15	湖南	3 070
16	山西	1 988
17	黑龙江	1 973
18	安徽	1 931
19	重庆	1 840
20	内蒙古	1 459

表1-3 “12378”热线开通以来涉及产险公司投诉情况统计表（前20位）

序号	公司名称	投诉量（件）
1	人保财险	12 514
2	平安财险	10 160
3	太保产险	7 565
4	阳光财产	3 201
5	国寿财产	3 070
6	中华联合	2 142
7	大地财产	1 960
8	永安财产	1 465
9	天平汽车	1 434
10	太平财产	1 313
11	安邦财险	1 084
12	华安财产	1 048
13	华泰财险	788
14	天安保险	785
15	永诚财险	732
16	都邦财险	723
17	信达财险	699
18	英大财险	547
19	民安财产	491
20	渤海财险	463

表 1－4　“12378”热线开通以来涉及寿险公司投诉情况统计表（前 20 位）

序号	公司名称	投诉量（件）
1	中国人寿	14 429
2	平安人寿	7 368
3	新华人寿	6 273
4	泰康人寿	5 638
5	太保寿险	4 928
6	生命人寿	2 904
7	太平人寿	2 362
8	人保寿险	2 027
9	阳光人寿	1 440
10	民生人寿	789
11	合众人寿	710
12	人保健康	649
13	中英人寿	520
14	华夏人寿	493
15	光大永明	443
16	中美联泰	420
17	中意人寿	364
18	幸福人寿	353
19	信诚人寿	346
20	百年人寿	283

（二）“12378”热线发挥的作用

“12378”热线开通以来，在畅通投诉渠道、保护消费者权益等方面发挥了积极作用，得到社会各界广泛关注和高度好评。2013 年 3 月，马凯副总理专程参观了“12378”热线总中心，对热线工作给予高度赞扬；2014 年 5 月，“12378”热线被中国保监会团委授予“中国保监会系统青年文明号”称号；2014 年 6 月，“12378”热线被推选代表中国保监会参评紫光阁杂志服务型机关党组织典型案例。

1. “12378”热线成为监管机关沟通群众的连心线

借助“12378”热线，及时解决消费者反映强烈的突出问题和消费者最关心、最直接、最现实的利益问题。三年来，“12378”热线共接听消费者来电 472 513 个，日均接听 701 个，月均接听 14 766 个，月均接听量从 2012 年的 9 000 个增加至 2014 年的 2.3 万个，单日最高接听量达到 1 300 个，接通率保持在 95% 以上。“12378”热线接到消费者投诉后，做到件件有回音，事事有着落，得到了消费者的认可和好评，消费者满意度始终保持 98% 以上。“12378”热线多次接到消费者打来的感谢电话和寄来的感谢信，已经成为广大保险消费者办实事、解难题的连心线。

2. “12378”热线成为广大消费者的维权线

“12378”热线的开通，降低了消费者投诉维权的成本，拓宽了投诉维权的渠道，发挥了让“语音多跑腿、群众少跑路”的主渠道作用。三年来，“12378”热线投诉占“信、访、电、网”全部有效投诉量的80%。通过“12378”热线，解决各类咨询问题182 680个，记录办理投诉举报件109 801个，向保险公司转办涉及合同纠纷的投诉4万件，转至保监局处理涉嫌违法违规的投诉近1万件，帮助消费者维护经济利益113 379.78万元。

3. “12378”热线成为保险行业的警示线

通过加大对损害消费者合法权益的处罚力度，加强对侵害消费者利益不诚信行为的曝光力度，倒逼保险公司树立“客户至上”的经营理念，加强管理，改善服务。三年来，对于涉嫌损害消费者权益的违法违规类投诉，中国保监会及各保监局给予相关公司和责任人员警告192人次，罚款1 881.59万元，进行监管谈话510人，下发监管函374份，有效警示了损害消费者的违法违规行为，维护了消费者的合法权益。

[illegible]

2. “12378”热线成为广大消费者的维权[illegible]

[illegible]

3. “12378”热线成为保险行业的警示[illegible]

[illegible]

专题Ⅱ

经验做法

一、宁波保险业建立保险服务监督系统借助信息手段实现消费者全程评价

近年来，宁波保监局将保护保险消费者合法权益作为监管工作的出发点和落脚点，指导行业建立保险服务监督系统，把消费者权益保护的工作重心由事后处理转向事前预防，利用现代信息手段，把知情权、评价权交给广大保险消费者，不断推动行业完善服务标准，切实保护消费者权益。

（一）服务监督系统基本情况

2010 年 12 月开始，宁波保险业开始开展服务监督工作，至今经历了三个阶段。第一阶段是 2010 年 12 月至 2012 年 2 月，向发生理赔报案和投保长期寿险的消费者发放行业统一印制的理赔

服务监督卡和承保服务监督卡。行业通过设置回收箱回收监督卡的方式，了解消费者对保险服务的评价意见，处理消费者通过监督卡反映的问题。第二阶段是2012年3月至2013年底，开发了保险服务监督系统，向发生理赔报案和投保长期寿险、家庭自用车险的消费者发送行业统一的服务监督短信和服务监督卡，消费者根据短信提示和监督卡中载明的内容，回复短信评价保险服务或进行咨询投诉。第三阶段是从2014年初开始，总结服务监督系统上线运行以来的情况，分析消费者反映的问题和历年自然灾害，尤其是“菲特”台风的经验教训，对服务监督系统进行改造升级，重点是进一步加强与消费者的互动，提高问题反映和处理的时效。

（二）主要做法

1. 建立系统，消费者全程监督保险服务

由保险机构每日向保险服务监督系统上传承保、理赔信息，系统自动向消费者发送相应的服务监督短信，消费者根据短信提示直接回复短信进行保险服务满意度评价，也可进行咨询或投诉。系统上线以来，累计向消费者发送短信447.8万条，收到消费者的咨询、投诉和服务评价短信53.8万条。在回复的短信中，

消费者对承保服务的满意率为 98.42%，对理赔服务的满意率为 96.38%。

2. 成立服务站，构建维权服务工作网络

宁波保监局指导行业成立了服务站，包括行业协会成立的保护保险消费者权益服务总站和 53 家市级保险机构成立的服务分站，构建工作网络，及时处理消费咨询投诉。服务总站负责系统运行维护，指导服务分站处理消费者反映的问题，并审核办理情况。服务分站负责上传数据，处理消费者反映的问题和意见并进行分析研究，改进和完善服务措施。

3. 跟踪督办，快速有效解决消费问题

服务总站设置专岗负责对消费者反馈问题的监测、联系、跟踪和督办。凡消费者回复短信咨询投诉的，服务总站及时联系了解具体诉求，并通过监督系统转分站办理；分站必须在 1 小时内联系消费者，简单的问题 3 日内办结，情况复杂的 10 日内办结。逾期未办结的，系统自动挂出黄牌和红牌予以警示，并作为年度考核依据。分站办结后，总站回访消费者对办结情况进行核实，问题没有解决的退回重新处理。

4. 考评通报，强化保险机构主体责任

服务分站将消费者满意度作为一线服务人员的考评指标，并向责任人员问责。服务总站定期向业内通报服务满意度等指标，并对外实时披露。对服务监督工作落实不到位、消费者满意度评价差或未及时妥善处理消费投诉的保险机构，宁波保监局将其列为重点关注对象，采取监管谈话等监管措施；对处理投诉不到位且长期未改善的保险机构，派员驻点督导。

5. “对症下药”，增强保险监管针对性

宁波保监局将服务监督工作开展情况作为现场检查、分类监管的重要内容，并采取有针对性的监管措施。属于销售误导等违规类事项的，严肃查处；属于合同履行等纠纷类事项的，指导行业协会和保险机构妥善处置；属于服务态度等事项的，责令保险机构加强从业人员的管理和培训；属于行业普遍性问题的，指导行业协会完善业务流程及运行机制，从源头解决。

（三）主要成效

1. 快速回应，拉近消费者距离

服务监督系统在消费者、监管机关和保险机构之间搭建了互

动平台，大大提高了保险诉求反映的响应速度和便利性。三年多来，服务监督系统已帮助消费者解决了23 994个具体保险服务问题，平均响应时间为33分钟，办结时间为2天。尤其是在2013年“菲特”台风理赔期间，服务监督系统累计帮助消费者解决6 654个问题，消费者满意率达99%以上。

2. 及时处理，化解矛盾纠纷

监管机关和保险机构通过监督系统可以及时听到消费者的真实诉求，矛盾纠纷多在萌芽状态就被发现并解决，避免了矛盾纠纷积累发酵进而造成信访投诉问题。近三年来，宁波保监局的信访投诉总量逐年下降，占全国保险消费投诉比例分别为0.21%、0.16%和0.39%，低于保费占比。宁波市保险业连续三年在宁波市消费者权益保护委员会实现零投诉。

3. 积极响应，促进行业服务提升

服务监督系统让每位消费者成为监督者，进一步规范了保险服务行为。宁波保监局加大监督指导，约谈保险机构负责人50余家次，现场督导2家保险机构。两年来，保险机构对造成消费者投诉的近1 300人次进行了问责，修订完善各类服务措施近2 000项，推出了拒赔商榷、投诉预警、交通事故联合调解等服务措施。消费者反映问题也由最初的每月800余件下降到目前

500 余件，消费者对保险服务的满意度一直保持 95% 以上。

4. 快速研判，保障大灾顺利理赔

在 2013 年“菲特”台风理赔中，监管机关通过服务监督系统在第一时间掌握灾情发展变化情况，及时采取措施保障大灾理赔顺利开展。如针对保险报案电话打不进的问题，指导保险机构增设报案电话，在灾区设立现场报案点，开通传真、微信等报案渠道；针对受淹车辆不能及时施救的问题，从周边省份紧急调集救援车辆，并打破公司界限联合开展拖车施救服务；针对理赔手续、标准等问题，简化程序，放宽条件，加快速度，并加强对一线服务人员理赔政策的宣导。这些措施有效保障了大灾理赔顺利开展。灾后 1 个月内案件结案率近 80%，2 个月内灾后理赔基本完成。

二、江西保监局创新消费者权益保护机制开展人身险产品第三方评点

2013 年以来，江西保监局创新消费者权益保护机制，积极指导推动保险行业协会开展人身险产品第三方评点，着力破解信息不对称瓶颈，从源头上防范销售误导风险，切实保护消费者利益。

（一）主要做法

第三方产品评点，是指外聘专家作为第三方，站在中立的角度，运用通俗化、大众化语言，对保险产品进行全方位解读，引导大众明明白白买保险。具体做法如下：

1. 评点专家客观独立

出台《江西人身险产品第三方评点工作管理办法》，明确评点专家遴选条件，要求评点专家既熟悉保险、精算、财务、投资等领域的业务及法律法规，又精通所从事领域的专业知识，在所从事的领域有较高声誉，一般应具有副高及以上职称，且与保险公司无利害关系。经过遴选，共从省内高等院校、社科院所等机构聘请18位专家。

2. 评点过程科学公正

一是科学确定评选产品。根据产品销售情况，公司自行申报，每季度定期评点，同时根据客户需求、经济社会发展热点等，不定期开展评点。二是独立开展评点。组织评点专家限时、同步开展产品评点，主要就消费者最关心的产品适应性、保障范围、风险提示等独立发表意见。三是严明评点工作纪律。评点活动不以营利为目的，与每位评点专家签订合约，承诺恪尽操守，保证不与公司发生利益往来，不接受参评产品所属公司提供的资金、物品等惠赠。四是规范评点方式方法，严格遵循保险法和保险监管规定，不迎合消费投机心理，不出现与其他金融产品作片面比较等误导性或者偏向性的评点内容。

3. 评点结果透明公开

实行“三公开”制度。一是评点专家公开，在江西保险行业协会网站公开聘请专家的名单及背景。二是参评产品公开，开辟人身险产品信息披露专栏，公开参评产品名称、条款费率、产品说明书、产品培训课件等信息。三是公开产品评点结果，分别以平面、网络等形式对外公开专家评点结果，同时设置咨询解答平台，开通新浪微博，线上解答网民咨询。

评点活动自 2013 年举办至今，共开展 6 期，参与公司 18 家，参评产品 70 余款，覆盖健康险、养老险、定期寿险、终身寿险、两全保险、综合保障计划和意外险七大类险种。其中，参照电视访谈节目的形式和标准，邀请保险、法律、医学等方面专家，精心录制了防癌险专题评点，在人民网播出后反响热烈。

（二）工作成效

第三方评点工作举办以来，通过条款通俗化解读，进一步增强了人身险产品透明度，提升了保险服务水平。

1. 激发了消费者的保险需求

活动开展以来，网上点击率超过 100 万次，消费者通过平面和网络咨询人身保险产品 1 500 余次。一些消费者表示，专家运用通俗化语言评点保险产品，明白了以往晦涩难懂的保险名词，加深了公众对保险条款的理解，进一步普及了保险知识。同时，据公司数据反映，接受评点的保障型产品（如中国人寿防癌疾病保险、人保寿险百万身价惠民两全保险、泰康人寿幸福人生）月均销售额增幅达 50% 以上。

2. 促进了保险公司的诚信经营

通过产品评点，倒逼保险公司主动规范销售行为，提升服务水平，完善产品管理和信息披露，进一步增强了以客户需求为中心的经营理念，切实满足消费者多元化的保险保障需求。自开展第三方评点以来，经第三方评点的保险产品基本实现零投诉。

3. 创新了监管的工作机制

第三方评点以专家为主体，以产品为核心，以媒体为平台，以百姓为受众，以保险公司参与配合为基础，凝聚内力，借助外力，与日常监管形成互补，创新了综合治理销售误导的新机制。该项活动受到了当地政府的充分肯定，并得到了江西省消费者协会的大力推荐。

4. 改善了行业的社会形象

通过开展第三方产品评点活动，增进了社会对行业的了解，传递了保险行业正能量，改变了公众一提到保险就想到销售误导、理赔难的错误观念。社会舆情普遍称好，反映销售误导的负面新闻大幅回落。

（三）下一步工作

第三方产品评点工作是一项长期系统性工程，下一步，将巩固前期评点成效，不断健全工作机制，实现产品评点制度化、常态化、扩大化，做到四个转变：从热销产品评点向高投诉率的产品评点转变，从单一产品评点向同类产品评点转变，从综合性产品评点向产品风险提示转变，从院校专家评点向社会公众评点转变。

三、五调联动　便民惠民

——保险业参与杭州市余杭区交通事故调解处理中心建设

近年来，道路交通事故呈快速增长之势，由此引发的纠纷频发，“处理难、理赔难、调解难、救济难”问题较为突出。杭州市余杭区交通事故调解处理中心（以下简称“余杭交调中心”）实行“五调联动”，实现了“一条龙”受理、“一站式”服务、“一揽子”解决矛盾纠纷。浙江保险业积极参与交通事故调解处理，取得良好社会效果。

（一）余杭交调中心工作模式

2007 年 5 月，杭州市余杭区社会治安综合治理委员会牵头，成立了交通事故人民调解委员会，并将公安、法院、司法、保险等与事故处理相关的单位集中现场办公，建立了余杭交调中心。余杭交调中心的工作模式如下：

1. 公开公平，让老百姓放心

一是规范事故调解运作机制，将事故调解涉及的项目、内容、程序、标准等全部上墙公布。二是制定工作手册，对简易程序、一般程序、现场调查取证、检验鉴定、人身伤害伤残等级鉴定、财产损失评估等进行规范。三是建立道路交通事故救助基金，每年由区财政拨款300万元，专门救助因交通事故致贫的当事人和未侦破的逃逸事故受害人。

2. 五大联调，让老百姓安心

建立起以人民调解为基础，基层组织调解、保险行业调解、人民调解、行政调解和司法调解相互衔接、相互补充的“五位一体”的道路交通事故调解机制。为使当事人更好地接受一体化调处，建立赔偿项目统一、赔偿标准统一、计算方法统一的“三统一”。

3. 调判一体，让老百姓省心

一方面，调解书经法院确认后，遇对方拒绝履行赔偿义务，事故当事人可以申请强制执行。另一方面，如果人民调解协议有瑕疵或当事人对达成的人民调解协议反悔的，交通庭可当即组织开庭判决，杜绝“久拖不调、久调不判”的问题。

（二）浙江保险业参与交通事故调解处理的情况

1. 政策支持

浙江保监局与浙江省高级人民法院联合下发《关于进一步加强道路交通事故损害赔偿纠纷调解工作的会议纪要》，联合转发《最高人民法院、中国保险监督管理委员会关于在全国部分地区开展建立保险纠纷诉讼与调解对接机制试点工作的通知》，指导各级法院、保险公司分支机构增进道路交通事故赔偿方面的共识，树立“调解优先”的工作理念，推进“诉调对接”工作。

2. 平台支持

浙江保监局与浙江省司法厅联合印发《关于开展保险行业人民调解委员会建设工作的通知》，将人民调解引入保险消费纠纷非诉化解机制，指导10个设区市的保险行业协会建立保险行业人民调解委员会（以下简称“保调会”），免费、便捷、高效、妥善处理保险纠纷，实现“事要解决、气要理顺”。联合省司法厅，指导省保险行业协会和省人民调解协会共同印发《浙江省保险行业人民调解委员会规程（试行）》，明确组织队伍建设、调解工作流程、档案制度、统计报表等。

3. 行业支持

浙江保监局积极探索保调会向基层延伸，指导余杭区保险行业自律协调小组成立余杭区保调会，更好地服务余杭区交调中心建设。驻浙保险公司分支机构协同做好事故损害纠纷处理，将交通安全宣传和保险常识教育融入保险服务当中，选派业务骨干参与保险合同纠纷调解，主动预赔、垫付，及时赔付所有调解成功和判决生效的案件，做好“买单人”，发挥好保险的经济补偿作用。

（三）余杭交调中心取得的主要成效

余杭交调中心将“交通事故认定、人民调解、价格评估、伤残评定、法律援助、保险理赔、民事诉讼”融为一体，极大缓解了警力不足和法院讼累，实现了交通事故调解成功率、效率的双提升和社会不安定因素的下降。2010 年以来，该中心共受理调解申请 10 554 件（次），调解成功 9 280 件（次），年均调解成功率从 72. 7% 上升到 96. 8% ，信访量下降为 0，惠及群众逾 3 万人次，最大限度地实现“案结事了”，真正成为便民、利民、惠民窗口。

2010 年，余杭交调中心被司法部授予“全国模范人民调解委员会”称号。2014 年 10 月，中国保监会主席项俊波考察调研该中心并给予肯定。

（四）余杭交调中心模式的深化和推广

2015 年 1 月，杭州市余杭区法院被最高人民法院确定为多元化纠纷解决机制改革示范法院。目前，余杭交调中心作为此改革的重头戏，相关工作已在推进中。今后，余杭区将建立余杭区交通事故数据化处理中心，整合公安、法院、人民调解、保险公司各平台中处理交通事故的资源，借助互联网实行数据无缝对接，实现报警、接警、事故认定、定损、鉴定、调解、开庭、判决、款项支付网上一站处理，最大限度为交通事故当事人提供高效率、标准化、全透明的纠纷处理服务，为开启全新的交通事故处理网络时代，提供一个基层的样本。

同时，大力推广余杭交调中心模式。杭州市暨西湖区交通事故调解处理（指导）中心集事故处理、民事调解、司法援助、保险理赔于一体，是杭州市坚持和发展“枫桥经验”、加强和创新人民调解工作、有效化解社会矛盾纠纷的最新举措之一，目前已步入正轨。义乌市交通事故调解处理中心初步实现了保险公司、交警、法院合署办公，基本统一了三方赔付标准。

四、重庆保监局严格执法，切实保护保险消费者权益

近年来，重庆保监局按照中国保监会“抓服务、严监管、防风险、促发展”的总体思路，创新方式手段，持续加大对损害消费者权益行为的查处力度，始终保持高压态势，切实保护消费者合法权益，取得明显成效。

（一）主要做法

1. 营造法制环境，架起打击损害消费者权益行为的高压线

重庆保监局坚持运用法治思维和法治方式治理消费者反映的突出问题，完善查处制度机制，为严格规范公正执法奠定坚实基础。

（1）细化违法行为认定标准。“理赔难”和“销售误导”是损害保险消费者权益的重灾区。为了有针对性地集中整治这两类突出违法问题，重庆保监局坚持依法行政、制度先行，在现有法律法规框架内，梳理细化了中国保监会各个规章、规范性文件中涉及的条款，在全国率先出台《车险理赔违法行为处罚认定办法》和《人身保险误导行为认定规则》，分别梳理出22种车险理赔违法行为和26种人身险销售违法行为，明确了法律适用和处罚标准，解决销售误导和理赔违法行为“认定难”的问题，有效避免了法规运用的不当，让罚与不罚有规可依、于法有据。

（2）强化现场检查质量监督。重庆保监局强化行政执法监督管理，规范检查尺度。探索制定了《重庆保监局现场检查工作质量管理办法》，严格实施现场检查“四层级”质量管控，对所有现场检查项目实行质量评价，奖优罚劣，推行检查质量问责制，激励优秀检查人员，对提升现场工作检查效能发挥了积极作用。同时，强化监管执法效能监察，对包括现场检查在内的执法行为的程序性、合法性和规范性进行审查，确保依法高效为民务实监管。

（3）压缩自由裁量空间。为强化消费者权益保护的监管导向，确保行政处罚权的规范行使，重庆保监局制定实施《重庆保监局行政处罚裁量标准》，压缩“罚与不罚、罚重与罚轻”的裁量空间。同时，裁量标准以突出保护消费者权益为重点，对欺骗误导、无理拒赔等 10 种严重损害消费者利益的违法行为实行“零容忍”原则，压缩从轻处罚适用空间，扩大从重处罚适用范围。

2. 严格高效执法，严厉打击损害消费者权益的违法行为

重庆保监局对损害保险消费者权益行为坚持“零容忍”，保持依法严查重处高压态势，并在工作中不断总结经验，探索有效的工作手段和工作方式，提升监管效力。

（1）以消费投诉处理为突破口，坚持“每案必查，查实必究”。一是建立投诉工作“一把手”负责制。受理、调查、处理各环节均由局主要负责人审签，全流程推动落实，重大和复杂投诉亲自督查办理。凡投诉人对保监局办理结果不满意、不接受、不认可的，必须由局“一把手”批准结案。二是实施投诉案件途中督办和办结回访制度。对投诉案件办理不力的公司实施监管谈话和“窗口指导”，提高结案满意度。三是建立“全员参与”的办案机制。投诉案件调查由相关业务处室“全员参与、对口包案”，对于重点案件，举全局之力，跨处室调配监管力量，向投诉举报检查投入更多监管力量。对查实有违法违规行为的案件，依法追究法律责任。近三年累计受理消费投诉 1 627 件，帮助消费者维护经济利益共计 4 724. 91 万元。

（2）以提升查办效率为着力点，坚持“应查尽查，查深查透”。2012 年以来，组织开展理赔违法行为专项检查 105 次，先后派出 3 585 人/天，查实并处理涉及拖赔、惜赔、无理拒赔等不同类型的理赔违法案件 14 件；共对 35 家（次）寿险机构进行了销售误导现场检查，查实误导行为 22 项。一是从销售误导和理赔难等投诉中甄别出的违法线索，第一时间移交业务处室，第一时间启动调查，防止证据灭失。二是以稽核数据库为基础数据源，从客户信息真实性、重点从业人员展业轨迹等方面查找损害消费者权益行为线索和初步证据。三是与市公安局、检察院建立打击保险领域违法犯罪联席会议及案件线索移送机制，以及与市级多部门联合执法和信息通报机制。比如，2014 年发现 2 起第三方理财机构聘用保险从业或离职人员假借保险公司名义劝诱客户退保、转购其经销的理财产品的事件，与重庆市金融办、工商局、人行营管部、银监局、综治办等相关部门沟通协调，联合防范事态扩大，避免保险消费者权益受损。四是与创新运用技术手段相结合。在人身险领域推行中国建设银行重庆分行银保产品销售行为录音制度，以及在邮政公司和中邮人寿 10 个网点试点销售行为“录音 +录像”记录保存制度，将以上机构保存的电子数据作为销售误导检查的重要查证资料。在产险领域，借鉴交警执法记录仪开展查勘工作经验，探索与重庆市网络安全鉴定所等第三方机构建立合作关系，在车险理赔难检查中使用具有高清视听功能的执法记录仪，对取证环节全程记录，有效避免与被检查对象不必要的争议和摩擦，推进检查取证工作的顺利开展。

（3）以强化惩戒约束机制为落脚点，坚持“从严处罚，严肃追责”。近三年来，重庆保监局处罚损害保险消费者案件共 44 件，罚款共计 397 万元，涵盖理赔难、销售误导、拖延拒绝承保交强险或强制搭售商车险等。其中，2012 年处罚损害保险消费者权益案件 23 件，占全年处罚案件的 47.9%；共罚款 213.4 万元，占全年罚款总额的 30%。2014 年，处罚损害消费者权益案件 8 件，占全年处罚案件的 32%；共罚款 63.5 万元，占全年罚款总额的 11%，涉及人身险销售误导案件 5 件，对 5 家（次）机构和 4 名责任人罚款 52.5 万元。经过三年的严查厉处，理赔难和销售误导问题明显缓解，2014 年销售误导投诉件和查处案件大为减少，同比 2013 年分别下降了 25.7% 和 44.4%。

（二）工作成效

重庆保监局认真落实保监会工作部署，真抓实干，扎实推进消费者权益保护工作，取得了积极成效。

1. 损害消费者权益行为有所遏制

由于监管查处力度加大，保险公司在经营理念和工作方式均发生可喜变化。比如，以前各家产险公司的理赔系统均无法实现《保险法》中关于“能确定损失的部分，应在 60 天内支付赔款”

的规定，现在“部分支付”已成为一种常规操作。再比如，安诚产险在接受检查后，对其前期已拒赔的50多件赔案作了重新审核，对其中的30多件赔案支付了赔款。从信访投诉情况来看，接到的理赔类投诉从2012年的月均9.8件下降到目前的月均7.6件。

2. 行业服务质量有所改善

在财产险方面，2014年全行业共处置车险积压未决赔案11.26万件，处置进度80.1%；当年新增车险赔案结案率达91.7%，新增赔案平均结案周期为18.16天。在人身险方面，保险产品保障功能加速回归，传统型产品同比增长3倍多，高出全国水平54个百分点，低保障低现价的分红型产品萎缩，同比减少26.6%。业务结构也有了明显改善，寿险公司新单期缴占比31.5%，高出全国平均水平4.9个百分点；标准保费同比增幅17%，是原保费收入增速的两倍。

3. 消费者认可度明显提升

2012年底和2013年底，重庆市保险行业协会先后两次委托第三方——市统计局社情民意调查中心对重庆保险服务满意度开展独立评测。测评结果显示，消费者对在渝产险公司理赔服务满意度两年分别达95.2%和97.8%，对寿险公司服务满意率也均超过95%。

五、河北保监局实施“保险信誉工程”

近年来，河北保监局全面落实保监会关于“抓服务”决策部署，启动并实施保险信誉工程，以保护消费者权益为出发点和落脚点，健全消费者权益保护制度机制，着力解决销售误导和理赔难等突出问题，提升保险服务质量和水平，行业形象不断改善，保险消费者满意度不断提升，各项工作取得积极成效。

（一）健全消费者权益保护制度机制

河北保监局出台了一系列消费者权益保护制度机制，为消费者权益保护工作打牢了基础。一是建立保险服务评价机制。每年开展保险公司服务质量评价、客户满意度调查和分类监管评价，参与全省行风民主评议，通过引入第三方评价考核机制，将服务质量提升内化为公司自觉行动。二是建立保险教育培训机制。开展行业“大培训”，每年培训总人数超过10万人。落实“保险公众宣传日”活动，建立多维度的保险消费者教育体系，提高消费者对保险业的认可度和消费维权能力。三是建立多层次保险服务监督机制。定期向社会公布保险案件查处结果，建立保险从业人员黑名单制度，支持新闻媒体对侵害保险消费者权益的违法违规行为进行披露和曝光，健全和完善社会公众、新闻媒体、保险消费者、社会监督员广泛参与的社会监督机制。

（二）综合治理销售误导

按照中国保监会的工作部署，河北保监局专项治理销售误导，抓制度建设、抓政策执行、抓重点领域，加大查处力度。一是制定治理销售误导效果评价指标体系，建立治理销售误导效果年度评价制度，对排名靠后的公司进行风险提示。二是针对客户信息失真问题开展专项检查，规范产品说明会，建立电话销售禁拨系统，规范综合短信服务，实施培训宣传资料、抄录风险提示语句、电话回访录音三个“抽检常态化”。三是对销售误导问题开展全面风险排查，及时消除风险隐患。针对满期给付和退保风险，2014年对全省151个县（市、区）的2 677家基层保险机构和代理网点进行了拉网式排查，开展销售非保险类金融理财产品风险、非法集资风险、保单质押贷款风险排查。四是加大对销售误导问题的惩治力度，针对部分银邮代理机构因误导问题引发客户聚集事件，给予保险公司和代理机构罚款或吊销许可证等严厉处罚。对银行代理机构销售误导行为进行全面深入检查，对混淆代理保险产品与银行产品的违法问题给予重罚。

（三）专项整治保险理赔难

针对社会反映突出的理赔难问题进行系统研究，既立足当前，又着眼长远，统筹规划、专项整治。一是不断健全治理理赔难的工作机制，制定车险理赔服务指标季度通报、定期清理积压赔案、车险投保理赔提示制度、车险理赔服务标准指引，开展承保理赔信息客户自主查询工作。二是持续开展保险公司车险理赔服务测评，并将测评结果进行通报，督促公司提高查勘效率、规范理赔流程。2014 年在全省 11 个地市的 46 个县（市、区），对 328 家（次）保险机构开展车险理赔服务现场测评。三是制定财产保险赔案清理工作方案，每年都明确具体的清理范围、目标和工作要求，持续开展积压未决案件清理工作。2014 年对 156 家保险机构开展赔案清理检查，指导 11 个行业协会开展诉讼案件专项清理。未决赔案从 2013 年末 34.4 万件下降到 2014 年末 25.6 万件。诉讼案件从 2013 年末的 4.2 万件下降到 2014 年末的不足

1.7万件。农业保险赔案实现100%兑付，2014年共支付赔款8.7亿元，其中为旱灾支付赔款3.2亿元。四是开展2015年春节期间高速公路车辆交通事故快速查勘理赔服务，组织保险行业3 500多名查勘员，组成120个查勘理赔组，覆盖全省31条高速公路的340个出口和208个服务区，节日期间查勘员全天候值守、统一调度，对交通事故快速查勘，及时赔付，并提供增值服务，保障春节期间高速公路交通顺畅。

（四）加强保险消费投诉处理和纠纷调处工作

河北环绕首都，地理位置特殊，及时妥善化解矛盾纠纷尤其重要。河北保监局将保险消费投诉处理和纠纷调处工作作为抓服务、促和谐的重要工作内容，抓紧抓牢，确保不出问题。一是完善投诉处理工作机制建设，落实保监局局长接待日制度，督促公司健全总经理接待日制度，制定保险消费投诉处理工作应急预案，制作投诉处理工作流程指引，公开投诉处理程序。二是拓宽消费者投诉渠道，认真对待来电、来信、来访和网络投诉反映的各类问题，近三年共处理各类咨询和投诉5万余件，“12378”维权热线接通率列全国第4位，话务量列全国第3位，满意度达99%。三是落实投诉处理工作督导和约谈机制，制定投诉工作考评办法，对投诉反映问题突出的公司高管进行约谈，在敏感时期召开专门会议，督促公司妥善解决矛盾纠纷，确保行业平安稳定。四是完善保险合同纠纷调处机制，推动在各地市行业协会成立保险消费者权益保护工作站，构建省市协调联动的消费者权益保护工作网络。近三年共受理各类纠纷调解案件 3 300 余件，调解成功率 93% 。

（五）开展保险服务质量评价和满意度调查

近年来，河北保监局不断创新工作方法，充分发挥第三方和社会公众评价机制作用，倒逼行业提升保险服务水平。一是开展保险公司服务质量评价，对保险公司内控制度、社会影响、合规经营、承保服务、理赔给付和客户投诉 6 项内容 19 项指标，按照定量为主、定性为辅的原则，进行打分排队，并将测评结果向社会公布，取得了积极的社会反响。二是开展保险服务客户满意度调查，每年委托河北省统计局社情民意调查中心对各保险公司的数万个客户开展电话问卷调查，深入查找客户服务工作的漏洞和薄弱环节，客观评估保险服务的现状和消费者权益保护工作的成效。经过调查，全省保险服务客户满意度均达到 80% 以上。

（六）加强保险文化和诚信建设

努力践行“守信用、担风险、重服务、合规范”的行业核心价值理念，加强保险文化和诚信体系建设，推进保险知识普及和正面宣传，行业认可度不断提升。一是开展丰富的宣传教育活动，每年确定不同的主题，开展“爱无疆·责任在行”“保险服务在河北”“维护保险消费者权益——我们共同的责任”“中国梦·赶考行”等系列主题宣传教育活动，数十万人参与到网络点赞和现场咨询活动中。二是强化行业正面宣传，加强与主流新闻媒体沟通协调，通过开辟专栏、保险讲堂、理赔案例剖析等老百姓喜闻乐见的形式进行宣传。指导保险行业协会、保险学会通过多种形式加强保险宣传，多维度、全方位开展消费者教育活动。三是发挥社会监督作用，组织行业参加“行风评议”“阳光热线”“承诺践诺”等活动，选聘各行各业社会监督员，加强与民主评议部门和民意代表的沟通联系，借助社会力量督促公司改进服务质量。2012 年以来，全省 30 多家（次）保险机构获得省政府“金融贡献奖”“金融创新奖”“金融稳定奖”以及“河北省服务名牌”等荣誉称号，行业形象明显改善。

专题 Ⅲ

行业响应

一、保险行业协会在维护消费者合法权益方面发挥的作用

行业协会是维护消费者权益的重要力量。发挥行业协会在维护消费者权益方面的作用，对于树立诚信行风、有效化解矛盾纠纷、提升保险业社会形象、促进行业持续健康发展具有重要意义。

（一）保险行业协会在保护保险消费者权益方面发挥着不可替代的作用

保险行业协会作为监管机关、保险公司、保险消费者之间的桥梁和纽带，履行“自律、维权、服务、交流、宣传”职能，是规范保险市场秩序、防范和化解风险的重要主体，是保护保险消

费者合法权益、促进保险事业繁荣发展的重要力量，在保险消费者权益保护工作中具有独特优势和不可替代的地位。

1. 发挥桥梁和纽带作用，反映行业诉求和保险消费者的要求

保险行业协会作为自律组织，是监管机关、企业和消费者之间的桥梁和纽带，能够有效协调监管机关、企业、消费者之间的关系，促进市场各主体之间的和谐统一。特别是在当前逐步承接部分准政府职能、填补行政管理一些空白的趋势下，保险行业协会在维护行业合法利益的同时，为消费者提供咨询、维权等服务，成为保护保险消费者合法利益的一线。

2. 发挥行业自律作用，促进保险公司为消费者提供更加优质的服务

保险行业协会通过组织保险公司制定和执行统一的行业服务标准和自律规则，规范市场主体经营行为和保险从业人员行为，推动保险行业服务标准体系建设和保险服务评价体系建设，强化保险公司服务保险消费者、保护保险消费者权益的意识，规范服务行为，为保护保险消费者权益营造良好有序的市场环境，确保保险消费者权益保护工作有效落实。

3. 发挥行业宣传教育职能，提升消费者保险意识和维权意识

保险行业协会代表着全行业，凭借其独特的行业地位，搭建沟通交流宣传平台，通过组织会员公司开展多种形式的保险知识、风险意识和维权能力的宣传活动，帮助消费者解疑除难，推动保险消费者的理性消费和依法维权，促成全社会“学保险、懂保险、用保险”的氛围。

2013 年 6 月 14 日 ~6 月 30 日，中国保险行业协会联合和讯网等主要财经门户网站，针对社会公众的风险和保险意识，对保险服务的意见及对保险业的期望等问题进行问卷调查，超过 12 万网民在线回答了有关问题。

《国务院关于加快发展现代保险服务业若干意见》（以下简称《若干意见》）出台后，协会积极组织会员单位相关负责人赴人民网、新华网参加在线访谈，畅谈学习《若干意见》的心得体会，分享落实《若干意见》的工作措施，现场接受网友提问，回答热点问题。此活动向社会公众广泛宣传介绍了《若干意见》内容和精神，展示保险业服务民生的实际行动。宣传覆盖人群超过上千万人次。

2014 年中国保险行业协会分别在央视及六家地方卫视投放保险行业形象宣传广告片。据统计，保险行业形象宣传广告片在央视的累计收视率达到 1091%，收看人次约 135 亿（含重复性收看）。在六家地方卫视的累计收视率达227%，累计收看人次约27亿。

图3-1 2013年6月14日~6月30日，中国保险行业协会联合和讯网等主要财经门户网站，针对社会公众的风险和保险意识，对保险服务的意见及对保险业的期望等问题进行问卷调查，超过12万网民在线回答了有关问题

4. 发挥信息交流作用，搭建业内外交流合作平台

保险行业协会通过举办各种形式的研讨会、论坛、座谈会等，组织行业交流和经验分享，搭建交流平台，推动多方联动探索解决消费者权益保护工作中存在的热点、难点问题，群策群力，集思广益。同时，建立健全保险消费风险监测和提示工作机制，定期向社会公众提示保险购买、理赔、投诉及争议解决等环节存在的风险及注意事项。

5. 发挥维权服务作用，切实保护保险消费者权益

在保险监管机关的指导下，保险行业协会通过加强与司法机关、仲裁机构的沟通合作，拓宽消费者表达诉求的渠道，建立保险纠纷诉讼、仲裁与调解的对接机制，及时化解和妥善处理保险纠纷，提高纠纷调解工作的公信力和有效性。在消费者和保险机构协商过程中，建立多元化、专业化的调解员队伍，组织保险专家学者参与保险纠纷调解，发挥保险纠纷调解机制作用。

（二）充分发挥行业协会职能，推动保险消费者权益保护工作深入开展

1. 以纠纷调处为抓手，健全保险消费者权益保护机制

（1）完善保险纠纷调处工作体系。建立保险纠纷调解机构，完善保险纠纷调解机制，快速妥善解决保险消费纠纷。各省保险行业协会设立保险消费者事务工作委员会或保险消费者权益保护中心，设立投诉专线电话，网站上开设投诉专区，并接待上门投诉，受理各省范围内保险消费者投诉。

（2）建立诉调对接工作机制。充分发挥司法调解权威性和行业调解专业性，扩大诉调对接覆盖面，建立司法调解与行业调解

联动机制，形成协会调解中心自行调解与司法调解相互补充、有效衔接的工作机制，做到能调尽调，最大限度化解矛盾，有效保证调解成功率。

（3）建立保险投诉快速处理机制。保险行业协会与会员公司建立保险投诉处理联动机制，制定调解轮值制度，通过转办、督办，由行业协会及会员公司共同参与纠纷的调解和处理工作，及时快捷化解保险纠纷。

（4）启动保险消费者服务站建设工作。成立消费者服务站，建立包括调解中心、社会法庭、投诉咨询中心、反保险欺诈中心在内的工作机制，运用信息技术手段，打造消费者服务监督网络和保险合同纠纷调解平台，对消费者反馈的问题及时检测、跟踪和督办，逐步积累数据，提高主动服务意识，将消费者权益保护的工作重心由事后处理转向事前预防。

2. 注重服务监督，建立保险服务评价体系

（1）制定服务标准及自律公约。以保险公司服务自律公约和保险行业服务质量规范为总体要求，对保险公司相关服务流程以自律形式予以明确，突出承保服务、电话服务、保全服务、理赔服务等各流程以及消费者信访投诉处理的时效标准，强化对保险主体的诚信约束，建立对保险公司服务质量的倒逼机制。

（2）开展行业服务评价工作。探索建立行业服务满意度测评长效机制。成功上线“中国人身保险产品信息库”，录入《保险法》实施后全行业在中国境内销售的全部共计 1.5 万条人身险产品的信息，供消费者直接查询；成立人身保险服务评价委员会，创建国内首个“人身保险客户满意度评价指数”，形成定量评价的行业排名；以《保险行业服务质量规范》为依据，出台《人身保险公司服务质量测评办法》。

（3）升级完善销售服务评价系统。为更好地掌握客户满意度评价情况，增加新的数据统计口径，分不同业务渠道对会员公司进行评价和信息披露，为保险消费者选择合适的承保公司提供参考。在发送短信的基础上增加二级菜单，方便公司了解客户回复“不满意”的具体原因。出台警示信息管理办法，增加对不配合保险机构投诉处理的销售从业人员的惩处措施，为销售人员的展业行为设置更加清晰的“红线”，强化对不诚信销售人员的约束。

（4）提升车险理赔服务质量。制定车险理赔服务承诺，建立车险理赔售前告知制度以及车险理赔关键指标报送和业内通报机制，开展车险查勘定损职业认证考试、车险查勘定损技能竞赛、车险理赔服务满意度测评、车险理赔现场模拟报案、轻微交通事故快速处理中心建设、红黄蓝快赔中心建设等活动，督促会员公司改进规范理赔服务标准，提升理赔效率，提高消费者服务满意度，推进行业理赔服务标准化、规范化进程。

（5）加大重要信息披露力度。为方便保险消费者了解保险企业经营、管理信息，扩大知情权。组织开展交强险信息披露工作，向社会披露交强险经营情况。组织发布《保险公司年度信息披露报告》，向社会披露保险公司年度整体经营情况。首次开展保险资金运用相关信息披露。随着信息披露机制的不断完善，披露内容的不断增加，有效提升了保险业经营、保险资金使用的透明度，切实维护消费者权益。

（6）推动“12378”投诉维权热线在全国范围内设立。为确保保险消费者权益保护工作落到实处，积极推动“12378”投诉维权热线项目实施，完成在全国各地“12378”热线的设立工作，同时完成“12378”投诉维权热线话务员抽调选拔、组织开展话务员岗前培训、制定呼叫中心日常管理制度。本项目累计投入热线话务员人员薪酬及系统运营维护等费用200多万元，为“12378”投诉维权热线有序运行提供了良好的人员和物质保障。

（7）发布《人身保险伤残评定标准》。保险行业协会联合中国法医学会共同发布了《人身保险伤残评定标准》，扩大了意外伤害保险的伤残保障范围，由原标准的7个伤残等级34项伤残条目扩展增加至10个伤残等级共281项伤残条目，大幅扩展了消费者的保障范围，充分提升了保险消费者保障权益。

3. 加强行业宣传力度，创新开展保险消费者教育

（1）做好重要节点宣传。在“3·15”国际消费者权益日、“7·8”全国保险公众宣传日、金融服务月等活动期间，组织行业开展大型保险宣传咨询活动，普及保险知识、提示消费风险。同时，做好热点领域如车险理赔、责任保险、农业保险、大病保险、小额信贷保证保险等的宣传，通过主题宣传、系列宣传等形式，使消费者充分了解保险权益，增强维权主动性。

（2）多渠道宣传教育。与新闻媒体合作开办保险栏目，报道保险知识、条款解读、热点问题、行业时讯、保险公司服务承诺与举措及各地保险业发展情况与典型案例；组织行业专家、调解专家在电视台、电台合作开展访谈类节目；在协会网站开辟“百姓保险”“险种介绍”“消费者教育园地”等栏目，为消费者深入了解保险、认识保险、科学投保提供有力的渠道，提升保险消费者教育的深度。

（3）探索新的宣传形式。增强保险消费者合法权益保护宣传活动的群众性、互动性，探索与社会公众面对面交流的宣传模式。保险行业协会于 2014 年 7 月 8 日中国保监会举办的“爱无疆责任在行”全国保险公众宣传日活动上正式启动“中国大学生保险责任行”活动，向全国大学生发出了“宣传保险、传播保险”的倡议。中国大学生保险责任行活动是一项全国性大学生保险社会实践和就业创业活动，旨在发动覆盖范围广、社会关注度

高、新生事物认知能力强的大学生群体，走进校园、社区、企业、农村和社会，开展志愿宣讲、市场调研、社会实践、就业创业等多种活动。参与活动的各高校高度重视、积极行动，结合自身特色和地域特点，在保险文化传播、宣传渠道创新、保险市场调研、公益比赛活动和就业创业实践等方面，开展了数百项丰富多彩的活动，取得了令人振奋的成绩。

为保证中国大学生保险责任行活动的持续推进，保险行业协会制定了《中国大学生保险责任行项目发展规划》。中国大学生保险责任行活动将以弘扬“保险让生活更美好”为主旨，每年设定一个主题，即“启动培育”“构建平台”“夯实推广”“完善制度”“长效机制”，通过整合社会价值链和产业价值链，为保险行业培育人才储备，整体提升保险行业影响力，构建保险生态文明，推动全民保险与风险管理意识的提高，形成全社会“学保险、懂保险、用保险”的良好氛围，促进社会和谐发展。

（4）加强消费风险提示。通过媒体等途径向社会公众提示保险购买、理赔和投诉等注意事项，不断提升公众的保险意识和风险识别能力；通过手机短信平台，向社会发布保单查询方式、犹豫期权利、退保有损失等消费提示和反欺诈、打击非法集资等公益短信；编写非法集资宣教手册，指导会员公司开设咨询台，建立突发事件报告制度，妥善化解重大信访事件群体事件，努力从源头上降低矛盾纠纷。

4. 推进行业诚信建设，提高诚信服务水平

（1）全面展示行业良好形象。加强与新闻媒体沟通联系，营造良好舆论环境。通过主流报媒、网媒评选“2013 年度十大典型赔案”，启动“保险业首届万人诚信宣言”“寻找最美农险查勘员”“寻找最美保险营销员”等大型活动，组织寿险电话销售“百佳服务明星”和“十佳服务标兵”评选活动，开展诚信典型征文评比活动，举全行业之力做好“诚信经营在保险”“消费满意在保险”两大行动，生动诠释“保险，让生活更美好”。2014 年 9 月中国保险行业协会开展寻找“寿险电销百佳服务明星”及“十佳服务标兵”活动。

图 3－2　2014 年 9 月，中国保险行业协会开展寻找“寿险电销百佳服务明星”及“十佳服务标兵”活动

（2）加大反欺诈工作力度。中国保险行业协会筹备成立反欺诈专业委员会，研究成立反欺诈中心，联合中国保险信息技术管理有限责任公司建立车险反欺诈平台，启动人身险承保信息查询系统建设，推动建立行业欺诈名单搜集与分享机制，首次评选并公开发布十起反欺诈典型案例。印制关于保险欺诈和非法集资案例知识的海报，增强公众对保险欺诈及非法集资的辨识能力，提高保险从业人员和保险消费者的法律意识。

（3）开展诚信考评工作。根据《保险公司诚信建设考评办法》，组织会员公司开展诚信建设考评工作，采用现场会谈、电话核对、调取回访录音、查阅文件资料、调阅承保档案、理赔档案、财务支付、查看承保系统、理赔系统、财务系统等方式，对诚信建设组织机构、考评体系、业务控制、诚信签单、理赔服务等工作逐项核查。

（4）编制《保险业社会责任报告（2011—2013）》。为全面反映 2011 年以来各省保险业在市场发展、服务经济社会、履行社会责任的整体状况，各省级保险行业协会组织编制《保险业社会责任报告（2011—2013）》，主要内容包括：公司的创新发展、保险业发挥的社会作用和履行的社会责任等等，以向政府、社会各界和广大公众展现、宣传保险业"守信用、担风险、重服务、合规范"核心价值理念的精神风貌，提升保险业社会形象。

5. 加强行业文化建设，提升公众保险意识

培育全社会保险文化。组织开展了保险微视频、保险漫画、保险摄影和“讲述保险人自己的故事”征文等四项全国性大赛，共收到社会各界参赛作品近万件，网络展播平台总点击量超过400万人次。在此基础上，举办了2014年中国保险文化建设推进会和2014中国保险文化建设成果展示会，展出了保险行业文化建设的“五个一”成果：一个保险动画形象、一首保险人之歌、一批优秀保险艺术作品、一组普通保险人的感人故事、达成了努力培育具有时代精神和保险特色的全社会保险文化的一个行业共识。

6. 以改革创新为动力，助力消费者权益源头保护

以维护消费者的知情权和选择权为议题，开展汽车配件“零整比”系数研究和发布工作。着手开展汽车碰撞实验室和维修配件、工时标准前瞻性研究，引发了广大消费者的共鸣和良好的社会舆论环境。以发挥市场配置资源的决定性作用为方向，稳步推进车险费率改革。积极推进商车改革，做好车险示范条款修订、开展纯风险费率测算、完成并发布行业车型标准化数据库建设、建成车损险基准纯风险保费发布系统、建成车险创新条款评估委员会。旨在把对商业车险产品和服务的选择权交给市场，交给消费者。

二、财产保险公司维护消费者合法权益工作情况

近年来，财产保险公司在顺应财产保险市场竞争和客户需求变化的形势下，以加大查处损害消费者合法权益案件力度、建立有效规范的长效监管机制为主线，通过建标准、严监测、强考核、树典型、抓投诉、纠责任，持续深入开展消费者权益保护工作，不断提升客户满意度，维护消费者的合法权益。

（一）公平合理设定合同权利义务和厘定产品费率

在产品开发方面，财产保险公司坚持“以市场为导向，以客户为中心”的经营宗旨，积极建立健全统一、科学、高效、合规的产品开发机制，促进产品创新，完善风险管控，为保险行业的可持续发展夯实基础。在保险条款开发方面，遵照《保险法》等

法律、行政法规和中国保监会的有关规定，努力确保保险合同要素完备、文字准确、语言通俗、符合监管要求，尽力杜绝侵害投保人、被保险人和受益人合法权益的行为。在产品定价时，所使用精算假设和精算方法符合通用精算原理和中国保监会的有关规定，保险费率厘定合理，符合充足性、适当性和公平性原则。

（二）规范销售行为

1. 开展销售资质全面排查，完善销售资质管理机制

各销售渠道切实履行管理责任，组织对辖内合同制销售人员、代理制销售人员、电销坐席人员、合作经纪代理机构的资质进行全面排查。在合同制销售人员资质方面，严格遵照当地保监局具体要求，组织相关合同制销售人员参加相关培训和资格证书考试。在代理制销售人员方面，全面清理辖内代理制销售人员情况，确保与取得“保险销售从业人员资格证书”的人员签订合同，并发放“保险销售从业人员执业证书”。在合作代理机构方面，定期对销售管理系统中经纪代理机构渠道代码进行梳理，核查许可证信息和合同信息。

2. 对销售人员定期组织培训，强化依法合规理念

在现有培训体系下，完善销售人员职业道德、诚实守信、依法合规及风险防范等方面培训内容，将防范销售误导作为销售人员培训主要内容之一。规定销售人员每年人均最低培训时间，如代理制营销员为每年 80 小时，以确保培训效果。结合各渠道特点，制定规范统一的销售渠道培训课件，突出对各销售渠道可能出现的销售误导行为危害性进行重点讲解。

3. 开展宣传资料合规检查，统一规范宣传材料

开展纸质宣传资料及网络或其他媒体宣传用语合规性检查，对存在故意隐瞒除外责任等问题的立即清理整改。开展保单及相关业务单据用词用语准确性检查，对产品保险条款中保险责任、责任免除、责任限额以及赔偿处理等部分，要求语言确保表达准确、通俗易懂并符合监管要求，并通过区别字体颜色或加大字号突出显示，规避法律风险。统一执行和管理宣传材料的印制申请、内容审核、宣传范围、印制程序、资料存留等流程，严防宣传误导情况的发生。

4. 实施销售行为有效管控，建立健全追究机制

制定销售人员行为准则，明确要求公司销售人员及代理机构人员在开展业务过程中，认真履行保险人说明义务，严肃杜绝销售误导行为。建立对销售误导行为的常规检查机制，通过电话回访、网点机构现场检查等方式，确保销售人员销售行为依法合规。完善渠道管理制度建设，建立销售人员违规行为追究机制，对出现销售误导行为的，视情节严重程度，对销售人员予以罚款、扣减绩效赋分、停职培训或解除合同等处罚，并追究相关管理人员责任。

5. 建立客户反馈整改机制，推动客户满意度提升

坚持做好客户电话回访工作，建立销售渠道客户回访结果反馈整改机制，对于在客户回访中提出的意见建议，如确存在改进空间，在一定时限内予以整改。及时处理客户投诉，完善客户投诉处理制度流程，调查处理注重时效，严格对问题相关责任人进行责任追究。

（三）及时公允理赔给付

财产保险公司通过提高服务响应时间、简化索赔流程、推进人性化服务、建立专业的理赔队伍、运用高科技的理赔工具为客户提供更优质的理赔体验。

有公司推出“多快好省”理赔服务。所谓“多”，是指万家

服务网点，索赔渠道多。为客户提供包括查勘定损员、推荐维修单位、公司理赔柜台、速递理赔、微信理赔、网上自助等多种索赔资料提交方式和渠道。所谓“快”，是指查勘速度快，赔付速度快。对不涉及人伤、物损的车辆损失赔案，损失金额在10 000元（含）以下，客户提交的索赔单证齐全后，提供1小时通知赔付服务。家财险和意外险万元以下案件1个工作日通知赔付。所谓“好”，是指全天候服务，全方位保障。客户的保险事故受损车辆到推荐的任何一家修理单位维修时，提供定损维修无差价，保证维修质量服务。所谓“省”，是指专业服务、专心呵护，客户省心省时省力。

（四）妥善处理投诉和保险纠纷

1. 加强投诉处理工作管理，建立投诉管控机制

按照监管机关要求，设置投诉专线和专用座席受理客户投诉，制定投诉处理管理办法和投诉流程，建立了以公司总经理和各级机构总经理为第一责任人的投诉处理责任制，努力使每件投诉得到及时有效的处理。通过投诉分析，及时发现消费者权益保护中的薄弱环节并加以改进。

2. 积极参与纠纷调处和“诉调对接”机制，快速稳妥解决保险消费纠纷

财产保险公司积极参与保险纠纷调处机制，支持和鼓励分支机构融入当地纠纷调处体系。努力扩大分支机构调解权限，加快对调解方案的审批流程。积极参与“诉调对接”工作，主动适应外部法律环境的客观需要。如有些公司积极参与法院“诉讼调解中心”建设，实现全流程调解，即“一个平台”“三次调解”和“以资源换资源”。“一个平台”，即法院“诉讼调解中心”，对于拟起诉的各类保险纠纷案件先不予立案，而是直接移交“诉讼调解中心”进行调解。调解成功后，法院出具民事调解书对最终结果进行确认；调解不成的，由“诉讼调解中心”移交法院立案庭立案后正常开庭审理。“三次调解”，即在相关环节依次组织三次调解，直至达成最终调解协议。首先是立案前调解，即立案之前由立案庭首先告知当事人在“诉讼调解中心”进行首次调解。其次是开庭前调解，即首次调解不成的，在法院立案后开庭前，由主审法官组织各方当事人对案件再次调解。最后是判决前调解，即再次调解仍不成的，在开庭审理后判决下达前调解，主审法官择机组织各方当事人进行第三次调解。“以资源换资源”，即积极支持和参与法院调解，争取法院对保险公司赔付标准的认同。

（五）提升保险服务质量和水平

1. 完善制度

各财产保险公司先后升级完善《客户服务基本标准》《服务界面标准化操作手册》《客户服务礼仪规范》《理赔服务规范》《客户投诉管理规定》《投诉责任人处罚办法》和《保险服务承诺》等相关文件。

2. 加强内部监督

各财产保险公司稽核监察、法律、合规、内控等部门对客户信息的保护情况进行监督和定期检查。年度内控自评中对客户服务和理赔领域投诉处理、咨询解答、接报案等环节进行评价。针对自评发现的问题，各级机构高度重视，积极整改。通过规范电话咨询、投诉处理、报案登记、客户回访、业务办理跟踪反馈等环节，提高了客户服务质量，切实保护了消费者权益。

3. 推进服务创新

财产保险公司积极开展服务品质提升项目，通过正向引导提升服务品质，改变以往单纯依靠事后监督考核的服务质量管理路径，实现服务创新和精细化管理。如有些公司通过引入外部咨询力量，对基层营业网点和人员进行服务操作现场辅导，综合运用调研摸底、培训提升、总结固化等方式，实现服务规范和基础服务理念的导入。有公司实行客户价值分级，对车险个人客户进行分级，按照客户续保年限、出险频率和赔付水平分成一至五星，同时建立高风险客户名单库。根据差异化服务的原则，为高价值客户提供全生命周期的优质客户服务，为普通客户提供合理的理赔服务，加强对高风险客户的承保管理。有公司推行“3F”标准化服务，即引入“快捷（Fast）、公道（Fair）、贴心（Friendly）”的理赔服务理念，履行保单承诺及理赔责任。

（六）保障消费者信息安全

1. 严格制度规范

各财产保险公司不断完善《员工行为准则》《客户信息管理制度》《信息安全管理规定》《商业秘密保护管理暂行办法》《知识产权保护管理规定》等制度，对客户信息的保护及问责作出规定。

2. 加强人员管理

在劳动合同和代理合同中，对内外勤员工均有严格的客户信息保密要求，明确并严格执行客户信息泄密行为的处罚规定。

3. 实施过程管控

各财产保险公司对信息安全及保护的重要性和要求进行宣导，要求公司信息安全部门对公司信息传输情况进行监控，对信息使用提出明确和严格的管理要求。公司稽核监察、法律、合规、内控等部门对客户信息的保护情况进行监督和定期检查。所有对外合同、协议等由法律部门添加统一的商业秘密保护条款或签署独立的保密协议，明确合作公司的保密义务，确保客户信息安全。

（七）依法做好信息披露

各财产保险公司根据《保险公司信息披露管理办法》和《关于加强保险消费者权益保护工作的意见》，按要求披露相关内容。在官方网站上及时披露经营的保险产品目录及条款，方便消费者在官方网站查找，及时了解产品信息；及时披露客服电话，方便消费者报案、咨询、投诉和查询承保理赔信息等。

（八）加强保险消费者教育和风险提示

1. 开展消费者教育

充分利用“3·15”国际消费者权益日、“7·8”全国保险公众宣传日、“12·4”全国法制宣传日等重要节点，加大投入，突出主题，以座谈、竞赛等多种形式，开展“进广场、进社区”等与消费者直接面对面的保险、法律知识普及活动。在日常工作中，积极以新媒体为载体，以新闻通稿、图片贴、手机应用等形式，为保险消费者提供投保建议、服务小贴士等知识，提升消费者权益保护意识。在媒介宣传渠道和形式上，充分利用总公司、分公司日常宣传平台，通过总分联动、资源整合、形式多样、时间集中、内容聚焦，强化宣传效果。

2. 做好风险提示

为维护客户权益，在投保环节要求投保人在《投保提示书》上书面签名，确认投保人阅读并理解所投保的产品条款、免责条款以及解除条款。由客户本人抄录确认内容“本人已阅读保险条款、产品说明书和投保提示书，了解本产品的特点和保单利益的不确定性”，对投保人及时进行风险提示。发现销售人员在销售过程中未及时向消费者提示风险或者隐瞒风险的，根据规定对销售人员扣分扣款，情节恶劣者予以解除代理合同。

（九）重视诚信体系建设

财产保险公司充分认识诚信建设对行业发展的重要性，根据监管机构和行业协会要求，积极做好保险业诚信建设。多方与新闻媒体沟通联系，营造良好舆论环境。积极参与“保险业首届万人诚信宣言”“寻找最美农险查勘员”“寻找最美保险营销员”等大型活动，参与诚信典型征文评比活动。根据《保险公司诚信建设考评办法》，参与诚信建设考评工作，对各公司诚信建设组织机构、考评体系、业务控制、诚信签单、理赔服务等工作逐项核查。践行保险业“守信用、担风险、重服务、合规范”的核心价值理念，提升保险业社会形象。根据《保险业信用体系建设规划（2015—2020）》的要求，积极参与和开展信用体系建设工作。

（十）强化考核监督与责任追究

1. 落实责任，加强考核

一是高度重视投诉责任追究工作，将投诉案件作为切入点，重点整治责任行为，通过实施和通报对责任人的处罚，充分发挥处罚的警示作用，坚决遏制内部人员责任问题引发的投诉。二是持续加大对职能部门、分支机构的考核力度并定期通报，重点督促被投诉较多的部门及分支机构。除严格对责任人实施处罚外，还依规定追究责任人所在部门或分支机构领导的责任，对造成了严重后果的投诉，还要追究分支机构主要负责人的管理责任。

2. 实施销售行为管控，建立健全追究机制

制定销售人员行为准则，明确要求公司销售人员及代理机构人员在开展业务过程中，认真履行保险人说明义务，严肃杜绝销售误导行为。建立对销售行为的常规检查机制，通过电话回访、网点机构现场检查等方式，督促销售行为依法合规。完善渠道管理制度建设，建立销售人员违规行为追究机制，对出现销售误导行为的，视情节严重程度，对销售人员予以罚款、扣减绩效分数、停职培训或解除合同等处罚，并追究相关管理人员责任。

三、人身保险公司维护消费者合法权益工作情况

人身保险公司贯彻“抓服务、严监管、防风险、促发展”的精神，重视履行社会责任，采取一系列措施，平稳、有序、持续地推进保险消费者权益保护工作，取得良好效果。

（一）公平合理设定合同权利义务和厘定产品费率

产品问题是保护保险消费者合法权益的源头之一。保险消费者权益保护工作应从源头抓起，杜绝损害保险消费者权益的保险条款以及不合理定价。人身保险公司坚持这一重要原则，在产品定价方面，遵循充足性、适当性和公平性原则，建立保险产品定价模型时，严格遵守中国保监会制定的相关产品精算规定，并不断完善产品定价模型完善，不断检视产品定价的充足性和合理

性。在产品条款方面，在合法、合规、公平、合理的基本原则下，按照保险法、保险监管规定及行业自律规范等，确保条款合法、合规，努力杜绝可能损害投保人、被保险人和受益人合法权益的条款。同时，秉承方便客户理解、阅读的原则，不断推进条款的通俗化、标准化。

（二）规范销售行为

销售误导行为对客户忠诚度、保险公司声誉以及行业形象会造成不可逆的损害。规范销售行为，是约束销售人员、避免销售误导的最直接措施。人身保险公司通过一系列制度和管理规定，对销售行为管理、售后服务管理等从业行为进一步规范和细化，明确违规行为的处罚措施。规定从销售人员的招聘、上岗、销售、考核等各个环节进行管理，要求销售人员客观、全面、准确地向客户介绍公司产品与服务的信息，明确说明保险合同中责任免除、犹豫期、健康保险产品等待期、退保、现金价值等重要信息，不得夸大保险利益；对于分红保险、万能保险、投资连结保险等新型产品，要求明确告知客户此类产品的费用扣除情况，并提示购买此类产品的投资风险；向投保人提供投保单时应附保险合同条款，并认真指导客户填写投保单，要求填写项目齐全，字迹清晰，无涂改，内容真实，并由客户本人亲自签署投保文件；

代理人对客户签署的投保文件应认真、仔细审阅。根据处罚制度，对认定涉嫌存在违纪违规行为的人员作出相应处理决定，处理形式包括口头警告、书面警告、违约记过、解除代理合同、报当地行业自律组织等。

部分保险公司建立了完善的销售管理内控制度以及较为成熟的合规评审体系，每年从销售人员行为、资格证管理、销售培训、行销话术及辅助品管理、售后服务等方面进行内控评估，及时发现并改进销售管理问题，防范和化解销售误导风险。对新产品、新业务、新流程、新制度及重大项目及时响应开展合规评审，评审重要标准之一就是维护消费者权益。

有的保险公司还将强化“销售误导”和“电话扰民”管控工作作为规范销售行为的重点工作，每日在早会上强调销售规范销售行为，并加强现场管理、落实相关制度执行、开展专项治理销售误导的自查自纠工作，从源头防控销售误导的发生。同时严格名单处理流程、加强现场拨打管理、优化系统控制功能、配合行业协会搭建禁拨平台工作，提高对“电话扰民”的管控力度。

（三）及时公允理赔给付

理赔是保险服务功能的最终体现。保险公司是否能够及时理赔、公允理赔是体现保险消费者权益保护工作是否落实到位的重要标准。人身保险公司不断优化理赔流程，简化理赔手续，提高理赔时效。有的保险公司为让理赔更透明、让消费者更放心，针对正常给付类案件向消费者发出理赔通知书，涉及理算、费用扣减、理赔结论及原因等信息，并针对拒付案件100%联系客户进行沟通解释。

上海市外滩踩踏事故中的理赔工作体现了保护消费者利益的宗旨。2014年12月31日，踩踏事故发生后，上海市保险行业第一时间启动应急预案，开始启动不眠不休的工作模式。各保险公司赶赴现场，设置理赔服务点，了解事故发生情况及人员伤亡状况、主动寻找客户、实时跟进事故处理进展；很多保险公司都放宽了理赔条件限制如身份证明、医院限制、理赔资料手续等，还有公司采取向客户提供预付款、提供现金领款等应急措施。

（四）妥善处理投诉和保险纠纷

1. 建立投诉处理工作管理机制

制定公司投诉处理管理办法，细化投诉流程，从而完善投诉处理机制，强化投诉工作管控。按照监管机构要求，设置公司投诉专线和专用座席，受理客户投诉。建立了以公司各级机构总经理为第一责任人的投诉处理责任制。强化岗位人员配备和考核监督力度，提高投诉处理工作效率和质量。当消费者权益受到侵害时，快速响应、快速处理，及时作出补救措施，尽力使消费者的损失降到最低。根据监管要求，建立投诉处理应急预案，确保客户反馈问题能够及时解决。有公司在敏感时期，确保投诉事件日追踪、日报告，突发事件每小时追踪、通报，并利用创新手段，将投诉信息通过微信群实时下发机构。同时开通绿色通道、简化处理流程、提高处理时效。有公司在敏感时期坚持“一案一方案、一案一处理、一案一跟踪、一案一反馈、一案一分析”的应对处理举措，对投诉纠纷进行分级分类管理和处置。

2. 积极参与纠纷调处和“诉调对接”机制

支持分支机构参与和融入当地纠纷调处和“诉调对接”机制，积极参加调解活动，认真履行调解协议。部分保险公司根据争议案件的性质、影响等情况，向分支机构扩大授权，争取快速解决与客户的争议。

（五）提升保险服务质量和水平

1. 提升基础服务

2014 年，保险公司在控制风险的前提下不断优化服务流程、简化所需单证，提高服务时效，让客户更方便，让服务更快捷。一是提供免填单式业务申请，客户到柜面提交业务申请，无需再填写保全申请书，只需要口述提出服务需求，柜面人员打印受理单交客户签名确认即可。二是推行立等可取服务，实现了保全办理信息的短信通知服务，客户在业务办理完成后，将会及时通过短信、业务回访等有效手段接收到业务办理结果。三是启动小额理赔案件即时理赔，针对一定金额以下、无需调查、资料齐全的理赔申请，柜面受理后，实时采集影像，直接推送到后台处理人员优先处理。

2. 开展服务创新

保险公司不断利用新技术，改变服务模式，提升消费者体验。有的保险公司开通了全流程电子化、无纸化的投保服务，支持客户通过微信投保，让保险更加透明，为客户带来最便捷的投保服务体验，整个投保流程均由客户自助完成，信息填写更加真实，既给客户提供了良好服务，也减少了销售误导的产生。有的保险公司推行理赔不上门的服务举措，客户通过手机等移动终端申请理赔服务即可，客户不必上门，还能够在第一时间获悉结案信息，不仅避免了客户等待理赔结果的焦虑，而且让客户对整个理赔流程了如指掌。除了微信投保、微信理赔外，部分保险公司还推出了微信查询保单详细信息、保险投资盈亏、业务办理进度和微信办理部分保全业务等功能。

（六）保障消费者信息安全

消费者信息安全是保险行业诚信经营的底线，各保险公司日常经营中都把客户信息安全问题作为重要管理工作来抓，采取了切实可行的措施，从客户信息加密、制度保障、人员管理和监控等方面入手保护客户信息安全。出台客户信息管理制度，对客户信息的保护提出要求，并对侵害客户信息安全的行为问责。部分保险公司除出台管理制度外，还采取了多种措施保护客户信息安全：核心系统屏蔽客户敏感信息，避免客户信息泄露；所有内、外勤员工均签署保密协议，泄露客户信息者将受到相应的处罚；由信息安全部门监控公司电脑数据和传输情况，对信息使用提出明确和严格的管理要求；所有对外合同、协议等由法律部门根据合同类型和内容的不同，添加统一的商业秘密保护条款或签署独立的保密协议，明确合作公司的保密义务，确保客户信息安全；稽核监察、法律、合规、内控等部门对客户信息的保护情况进行监督和定期检查。

（七）依法做好信息披露

各保险公司均制定了信息披露的相关制度，同时在官方网站披露所经营的保险产品目录及条款，方便消费者查找条款，确保客户及时了解相关信息。各保险公司按时保质完成投资连结保险、万能保险、分红保险等新型人身保险产品的信息披露工作。部分保险公司通过环保、快捷的电子函件方式为客户提供通知、提醒，还有些保险公司拓宽服务渠道，在移动终端提供包括产品信息、保单信息、产品价格等在内的查询服务，让客户能在第一时间了解保单权益的变化情况。有的保险公司还开展了包括随保单配送新契约回访提示函、推广访后付佣、开展回访业务竞赛等工作，落实新契约回访工作，确保客户及时了解相关信息，切实保护保险消费者的合法权益。

（八）加强保险消费者教育和风险提示

在日常工作中，人身保险公司积极以新媒体为载体，以新闻通稿、图片等形式，向保险消费者普及投保建议、服务须知等知识，提升保险消费者权益保护意识。积极组织保险消费者维权知识推广主题活动，组织有关专家学者开展专题讲座、社区活动，不断拓宽保险消费者教育宣传渠道。通过“3·15”消费者保护日和保险宣传月活动，培养消费者权益保护意识。部分保险公司在客服节社区活动中加入保险消费者教育的内容，以现场咨询等方式向社会公众宣讲保险基础知识、提示消费风险，扩大行业影响。

为向客户提醒风险，让客户全面了解所购买产品，维护合法权益，保险公司要求投保人在投保环节签字，确认已阅读并理解所投保的产品条款、免责条款以及解除条款等。让客户本人抄录了解产品特点，特别是相关不确定性的内容，及时提示风险。有的保险公司在电话渠道的销售环节后，进行质检监听给予把控，要求对消费者进行风险提示，未进行提示的要求补充提醒客户，保证客户已知晓。若发现销售人员在销售过程中未及时向消费者提示风险或者隐瞒风险，根据相关制度规定对销售人员扣分扣款，直至解除代理合同。

（九）重视诚信体系建设

中国保险行业的发展正处在重要转型期，加强保险诚信体系建设十分重要。人身保险公司积极践行“守信用、担风险、重服务、合规范”的保险行业核心价值理念，为行业诚信体系建设添砖加瓦。坚持“客户第一”经营理念，把诚实守信贯彻到内控管理各环节之中，防范不诚信行为的发生。改进保险服务，完善服务标准，健全服务制度，优化服务流程，以诚信赢得客户、赢得市场、赢得竞争。积极参与保险公司诚信建设考评工作，参与诚信典型征文评比活动，参加寿险电话销售“百佳服务明星”和“十佳服务标兵”评选活动。

同时，多措并举，治理人身保险行业突出的销售误导问题。一是加强保险从业人员职业道德教育，积极培育保险业诚信文化。加大新人培训和日常培训中职业道德课程的比重，培养代理人对行业、对客户、对保险公司诚实守信的品德和良好的职业习惯。二是逐步优化代理人队伍，提高代理人队伍素质。适当提高招聘代理人的门槛，从源头上把好队伍素质关。三是改革代理人管理模式，增强其认同感，归属感，尊重优秀代理人个性发展，拓展期成长空间，从而提高留存率。四是部分公司建立代理人诚信档案，量化诚信考评机制。定期对代理人的诚信行为实行量化积分考评，使诚信考评变得具体、可知、可控。五是建立奖优惩劣机制。针对代理人不诚行为，很多公司建立了“黑名单”制度，将代理人误导、欺诈等行为记录在案并存入行业数据库，有效约束不良行为。

2014 年 2 月 24 日，中国保险行业协会组织首届“保险业万人诚信宣言活动”，人身保险公司积极参加。活动通过“和讯网保险”微信订阅号广泛收集一线保险代理人、经纪人的诚信宣言信息，并展示宣言者的个人形象与宣言。多名优秀营销员代表参与了此次宣言拍摄活动。在宣誓活动中，保险营销员代表作出庄严承诺，包括：不夸大产品收益，不诋毁同业产品；不隐瞒保单条款盲点；不以佣金返还、礼物赠送、优惠促销等方式诱导消费者购买保险产品；努力提高自身业务水平，为消费者设计合理保障规划；严格遵守行业相关法律、法规的规定等。

（十）强化考核监督与责任追究

人身保险公司通过一系列的考核制度和考核指标将消费者权益保护工作分解到各关键环节，贯穿到日常工作中，使各项工作有章可循。将前端的销售品质问题、事中的投诉处理效果纳入考核，针对销售过程中的误导行为进行处罚，并通过投诉处理过程中一系列指标的考核，如解决时效、投诉升级情况、投诉解决后客户的满意度情况等，推进客户投诉得到快速有效的解决，切实保护保险消费者的合法权益。各人身保险公司均建立了责任追究机制，对符合案件责任追究的司法案件、重大行政处罚和重大违规事项，一律按照相关规定进行处罚，通过责任追究机制，约束不合规的行为，利用责任追究在事后控制环节形成闭环，督促保险消费者权益保护工作的开展。

专题Ⅳ

制度保障

一、《中国保监会关于加强保险消费者权益保护工作的意见》

中国保监会关于加强保险消费者权益保护工作的意见

（保监发［2014］89 号）

保险消费者是保险业赖以生存发展的前提和根基。保护消费者合法权益是保险监管机构的核心职能，是保险行业的共同责任。为贯彻落实党的十八届四中全会精神和《国务院关于加快发展现代保险服务业的若干意见》（国发［2014］29 号），推进依法监管、严格依法保护、倡导依法维权，进一步做好新形势下保险消费者权益保护工作，现提出以下意见。

一、总体要求

（一）指导思想。紧紧围绕“抓服务、严监管、防风险、促发展”的总体要求，以完善制度、健全机制为前提，以实施预防性保护、过程性保护为重点，以强化公司主体责任、实施透明度监管为核心，以加大查处力度、加强监督考核为手段，以注重消费者教育、推进行业诚信建设为基础，着力解决关系消费者切身利益的突出问题，着力提升消费者的保险知识水平和维权能力，切实保护消费者的合法权益。

（二）基本原则。一是坚持依法合理。依照法律规定保护消费者的合法权益，尊重保险合同当事人约定，在法律允许的范围内支持消费者的合理诉求。二是坚持公开透明。注重信息披露，加强透明度监管，及时、主动公开保险企业经营和政府监管中涉及消费者权益的相关情况，为消费者的选择提供充分信息。三是坚持协同推进。加强与政府有关部门、司法机关、消费者组织及新闻媒体的沟通协作，引导社会公众积极参与，共同保护消费者的合法权益。

（三）目标任务。到2020年，努力形成科学有效的消费者权益保护制度体系，建立起健全完善的消费者权益保护工作机制，搭建起多方参与、协同推进的消费者权益保护工作格局。保险服务质量和水平大幅提升，损害消费者合法权益的行为得到有效遏制。消费者满意度明显提高，消费者的维权意识和能力显著增强，保险行业形象和社会信誉切实改善。

二、强化保险公司主体责任

（四）树立客户第一的经营理念。保险公司要强化服务意识，适应客户需求开发多样化的保险产品，提供个性化、定制化、高品质的保险服务。践行保险行业核心价值理念，诚实守信经营，公平对待消费者。

（五）公平合理设定合同权利义务和厘定产品费率。保险公司要依法制定保险合同条款，不得违反法律法规的禁止性和强制性规定，确保保险合同双方权利义务公平合理；按照结构清晰简单、内容集中明确、利于查找阅读的原则编制保险合同条款，推进合同文本标准化，力求文字表述通俗化；保险合同条款被人民法院裁判认定为无效的，要主动向保险监管机构报告；完善保险产品定价模型，合理确定产品费率。

（六）规范销售行为。保险公司要根据产品特点和消费者风险承受能力建立区分销售制度，将合适的产品销售给有相应需求的消费者。不得利用广告或者其他宣传方式对保险条款内容和服务质量等做引人误解的宣传；不得在销售活动中阻碍消费者履行如实告知义务，或者诱导其不履行如实告知义务；不得伪造、擅自变更保险合同，或者为消费者提供虚假证明材料；不得夸大保险产品收益，隐瞒合同重要内容，提供虚假产品信息；禁止未经消费者书面授权或者追认而代替其签订保险合同以及其他违反法律、行政法规和保监会规定的行为。通过电话或者互联网销售保险产品，保留与双方权利义务相关的电话录音和网络销售痕迹。完善委托合同约定，规范与其有代理关系的保险中介机构的销售行为，并对保险中介机构的违规销售行为承担相应责任。

（七）及时公允理赔给付。保险公司要建立公正透明的理赔给付处理和争议解决程序，优化工作流程，简化理赔给付手续，及时、公道地开展理赔给付。对涉及免赔、拒赔和比例赔付等情况，向索赔人充分说明理由。建立完善小额赔款快速理赔机制，定期开展积压赔案清理工作，不得拖赔、惜赔和无理拒赔。

（八）提升保险服务质量和水平。保险公司要不断改进服务，创新服务模式，丰富服务内涵，加强服务网络建设。建立销售、承保、回访、保全和理赔给付等各环节的服务标准，制定服务承诺，并将服务标准和承诺公开，接受社会监督。接到消费者出险报案后，要指导其提出索赔申请，告知理赔给付程序、时限、索赔资料等，并及时提供有关理赔给付状态的信息。

（九）保障消费者信息安全。保险公司要建立消费者信息保护制度，确保信息的采集、使用和保存符合法律规定或者征得消费者同意，确保业务系统记录的消费者信息资料真实完整有效。

完善信息技术保障手段，防止消费者信息泄露，不得利用非法获取的消费者信息开展经营活动和获取不当利益，不得篡改消费者信息资料。加强对互联网消费者信息使用的管理。建立电话号码屏蔽制度。

三、加强信息披露

（十）及时披露与消费者权益相关的产品和服务信息。保险公司要在官方网站显著位置公布保险产品条款和服务承诺信息，以清晰和通俗的语言向消费者说明保险产品和服务，重点突出保障范围、免责条款、预期收益等与消费者利益密切相关的内容，并对免责条款做出足以引起消费者注意的提示和明确说明。在保险合同存续期间，及时向消费者披露该产品相关的信息。

（十一）加强透明度监管。保监会有关部门、保监局要建立健全消费者权益保护方面的信息披露制度，监督保险公司及时披露与消费者权益相关的产品和服务信息。定期公布保险公司被投诉情况和损害消费者合法权益的典型案例，依法公布行政许可、行政处罚、重要监管措施和损害消费者合法权益行为的查处情况等监管信息。开展保险公司服务质量评价、消费者满意度和消费者信心指数测评，并将评价和测评结果向社会公布。每年组织编写并向社会发布《中国保险消费者权益保护报告》。

四、严厉查处损害消费者合法权益的行为

（十二）加大查处力度。保监会有关部门、保监局要加大执法力度，加强对重点领域和薄弱环节的专项检查，依法严肃查处各类损害消费者合法权益的行为。加强市场跟踪，开展对损害消费者合法权益行为的监测。

（十三）强化责任追究。保监会有关部门、保监局要建立健全对各类损害消费者合法权益行为的问责制度，强化保险公司管理人员的管控责任。保险公司要制定内部责任追究制度，除追究违法违规行为人直接责任外，还要追究对违法违规行为的发生负有责任的部门负责人、高级管理人员的间接责任；对造成重大群体性事件等严重后果的损害行为，同时追究行为人所在机构主要负责人的责任。

五、完善消费者维权机制

（十四）健全投诉处理机制。保监会有关部门、保监局要健全投诉事项办理、监督检查、考核和责任追究制度；督促保险公司认真处理保险消费投诉事项，不断提高投诉处理工作规范性和有效性；加大督办和考核力度，对保险公司投诉处理工作中损害消费者合法权益的行为及时采取监管措施，并监督其限期整改。保险公司要设置专门的投诉处理部门和岗位，配备必要的工作人

员，建立投诉处理工作责任制；畅通投诉渠道，公布本公司客户服务和消费者投诉电话号码，在营业场所开辟投诉专区，张贴投诉办理须知，建立健全各级机构总经理接待日制度；规范投诉处理程序，严格处理时限，提高处理效率，及时解决消费者的合理诉求。

（十五）完善纠纷调处机制。保监会有关部门、保监局要积极指导推进保险纠纷调处机制建设，并监督其规范运作。地方保险行业协会要做好纠纷调解机构的建设和运行管理，完善制度，规范程序，保障经费，建立多元化、专业化的调解员队伍，保证调解机构具有独立性和中立性。保险公司要支持分支机构积极参与和融入当地纠纷调处体系，根据争议案件的性质、影响等情况适当调整核赔授予权限。

（十六）推进保险纠纷“诉调对接”、“仲调对接”机制建设。保监会有关部门、保监局和地方保险行业协会要建立包括调解、仲裁、诉讼等在内的保险消费纠纷多元化解决机制，提高纠纷调解工作的公信力和有效性。加强与司法机关、仲裁机构的沟通合作，在全国范围内广泛建立保险纠纷诉讼与调解、仲裁与调解对接机制。

六、提高消费者的保险知识水平和风险意识

（十七）有效开展消费者教育。保监会有关部门、保监局要

充分利用“3·15”国际消费者权益日、“7·8”全国保险公众宣传日集中开展保险宣传教育活动，并持续推动保险知识“进学校、进农村、进社区、进机关、进企业”，形成全社会“学保险、懂保险、用保险”的氛围。保险行业协会要组织会员公司通过多种渠道和方式开展保险知识、风险意识和维权能力的宣传教育活动。保险公司要将消费者及公众教育纳入客户服务体系，在官方网站、地市级及以上机构的营业场所开辟消费者教育专区，并积极开拓新媒体平台开展保险宣传和普及保险知识。

（十八）加强消费风险提示。保监会有关部门、保监局和保险行业协会要建立健全保险消费风险监测和提示工作机制，定期向社会公众提示保险购买、理赔、投诉及争议解决等环节存在的风险及注意事项。保险公司、保险中介机构及保险销售人员在销售保险产品时要及时向消费者提示风险。

七、发挥相关部门和社会组织协同作用

（十九）构建消费者权益保护协同运作机制。保监会有关部门、保监局要建立完善与政府有关部门、司法机关以及保险行业协会、消费者组织等社会团体的协调联动机制，在保险消费者权益保护工作的信息互通、案件移交等方面加强合作。推动成立保险消费者权益保护社会组织，支持其开展保护保险消费者合法权益的活动。

（二十）发挥社会公众和新闻媒体的监督作用。保监会有关部门、保监局要重视发挥好社会监督员作用，充分吸收社会监督员的意见建议；支持并主动借助新闻媒体曝光损害消费者合法权益的行为及典型案件，发挥其监督作用。保险公司要主动加强与新闻媒体和社会公众的沟通联络，正确对待负面舆论报道，认真听取社会各界和消费者的意见，不断改进服务。

八、加强基础建设

（二十一）加强制度建设。保监会有关部门要推动完善以保险法为核心、以行政法规和部门规章为主体、以规范性文件为补充的法律制度体系，充实消费者权利规定，细化保险公司义务的履行要求，强化损害消费者合法权益行为的法律责任；定期开展法规制度有效性评估，做好制度废改立工作，不断完善相关制度。保险公司要建立健全维护消费者合法权益的各项制度，切实落实法律规定和监管要求。

（二十二）加强行业诚信和信用体系建设。保监会有关部门、保监局要按照国务院《社会信用体系建设规划纲要（2014—2020年）》的总体部署，深入推进保险业信用体系建设和诚信建设，建立保险公司、保险中介机构信用评价体系，充实完善信用记录，健全保险从业人员信用档案制度和失信惩戒机制，形成全行业诚实守信的良好氛围。保险行业协会要建立行业诚信记录查询平台，建立守信激励和失信惩戒制度，组织开展行业诚信服务窗口、服务标兵的评选表彰和宣传活动。保险公司要将诚信融入企业文化之中，建立健全诚信约束制度，对守信者予以激励，对失信者进行惩戒。

（二十三）加强消费者权益保护工作信息化建设。保监会有关部门要加强保险监管机构投诉管理系统建设，实现其与各保险公司投诉系统的对接；健全“12378”维权热线服务网络，指导中国保险行业协会做好“12378”维权热线系统的运行维护工作；搭建保险业信用信息平台，实现与金融业统一征信平台互联互通。保险公司要充分发挥信息技术对服务消费者、维护消费者合法权益工作的支持作用，将信息技术运用到产品开发、销售、理赔给付、投诉处理各个环节，改进和完善信息披露平台，提高服务效率和改善消费者服务体验。

九、加强组织领导与考核监督

（二十四）加强组织领导。保监会有关部门要建立健全沟通协调、信息共享和协同处理机制，形成保护消费者合法权益的监管合力。保监局要建立消费者权益保护工作“一把手”负责制，健全工作机构，充实人员力量。保险行业协会要设立消费者事务工作机构，推进保险服务标准化，推动成员公司提升服务质量和水平，督促成员公司妥善处理与消费者的争议纠纷。保险公司各级机构要建立以总经理为第一责任人的维护消费者合法权益责任制，并设立由高级管理人员牵头、相关部门组成的消费者事务委员会，负责落实维护消费者合法权益的监管要求，研究制定维护消费者合法权益的制度措施，指导、协调和处理本单位及所属机构与消费者相关的各项事务。

（二十五）强化考核监督。保监会有关部门要加强对保监局、保险公司消费者权益保护工作的考核监督，并定期通报。保监局要建立健全对辖区保险机构和保险中介机构消费者权益保护工作的考核指标体系，督促辖区保险业切实维护消费者合法权益并定期组织考核。保险公司要将维护消费者合法权益情况、服务质量情况、投诉处理工作情况等纳入各级机构经营考核指标体系，并与相关人员的薪酬分配、职务晋升挂钩。

二、《中国保监会　国家发展和改革委员会关于中国保险业信用体系建设规划（2015—2020年）》

中国保监会　国家发展和改革委员会关于中国保险业信用体系建设规划（2015—2020年）

（保监发［2015］16号）

保险业是社会信用体系建设的重要领域。保险业信用体系是以法规制度和契约标准为依据、以信用记录和信用信息系统为基础、以树立和弘扬诚信文化理念为内在要求、以守信激励和失信惩戒为约束的行业治理机制。加强保险业信用体系建设是全面落实科学发展观、推动行业和经济社会可持续发展的重要基础，对营造优良信用环境、提升保险业发展质量和竞争力、促进经济社会发展和国家治理现代化具有重要意义。根据国务院《社会信用体系建设规划纲要（2014—2020 年）》和《国务院关于加快发展现代保险服务业的若干意见》，制定本规划。规划期为 2015—2020 年。

一、基本现状和形势要求

（一）基本现状

近年来，保险业高度重视信用体系建设并取得积极进展和成效。实施了《保险从业人员行为准则》《保险监管人员行为准则》《保险营销员诚信记录管理办法》等监管规定和办法，保险业信用建设制度体系基本形成。建立了保险机构和高管人员管理系统、保险中介监管信息系统、全国车险信息共享平台、财产险承保理赔信息客户自助查询平台等监管信息系统，保险业信用记录共享平台初步搭建。综合治理销售误导和理赔难，系统整治和规范市场秩序，对违规失信行为保持高压态势，保险经营行为不断规范，行业形象和社会信誉明显好转。积极开展保险诚信教育，推动保险诚信文化建设，加强行业自律，广大从业人员和消费者的诚信意识不断增强。

然而，与经济社会发展特别是广大消费者的期待相比，保险业信用体系建设仍存在较大差距。主要是：行业信用信息系统建设滞后，统一的信用记录制度和平台尚未建立，信用信息共享机制有待加强；保险征信系统和信用服务体系尚未形成，守信激励和失信惩戒机制尚不健全，信用体系的市场治理功效有待发挥；保险诚信意识和信用水平偏低，销售误导、惜赔拖赔、弄虚作假、不正当竞争、骗保骗赔等不诚信现象依然存在。

（二）形势要求

保险是基于最大诚信的制度安排，诚信是保险业发展的基石。推进信用体系建设对加快发展现代保险服务业具有极其重要的现实意义和战略意义。

加快推进保险业信用体系建设是推动保险业持续健康发展的重要前提。保险业作为经营风险和信用的特殊行业，具有专业性、负债性和长期性，因而比其他行业更看重诚信，更强调契约精神。没有诚信，保险业就会丧失生存和发展的基础。加强保险业信用体系建设，可以减少或避免保险经营中的各种风险，促进保险业的可持续发展。

加快推进保险业信用体系建设是保护保险消费者合法权益的迫切需要。当前，保险业仍不同程度存在销售误导、理赔难等不诚信问题，损害了消费者的合法权益，给保险业的形象和信誉造成不良影响。加强保险业信用体系建设，有助于将诚信贯穿到保险经营管理的全过程，为广大消费者提供全方位、高品质的保险服务。

加快推进保险业信用体系建设是推进保险监管现代化的内在要求。市场化、信息化是保险监管现代化的重要特征。然而，长期以来保险监管主要依靠行政手段，治标多、治本少，难以从根本上解决问题。加强保险业信用体系建设，可以使保险监管运用多种手段规范市场行为，提高保险监管的有效性。

二、总体思路与目标任务

（三）指导思想

深入贯彻党的十八大和十八届三中、四中全会精神，全面落实国务院《社会信用体系建设规划纲要（2014—2020年）》和《国务院关于加快发展现代保险服务业的若干意见》各项要求，以建立健全保险业信用制度体系和标准体系、形成覆盖全行业的征信系统和信用服务体系为基础，以推进保险商务诚信、保险政务诚信为重点领域，以加强保险诚信文化建设、建立守信激励和失信惩戒机制为主要内容，以提高行业诚信意识和信用水平、改善保险市场环境为目的，在全行业形成守信光荣、失信可耻的浓厚氛围，使诚实守信成为保险监管机构、各类保险企业、保险从业人员和保险消费者的自觉行为规范。

（四）基本原则

政府推动，各方共建。充分发挥监管部门的组织引导和示范推动作用，加强信用体系建设的顶层设计，推动信用制度、信用标准、信息平台和运行机制建设。注重发挥市场机制作用，鼓励和调动各种力量广泛参与、共同推进，形成全行业信用体系建设的合力。

健全制度，完善机制。建立健全保险业信用制度体系和标准体系，加强行业信用信息管理，规范信用服务体系发展，加快构建守信激励和失信惩戒机制，维护行业信用信息安全和信息主体权益。

统筹安排，分步实施。针对保险业信用体系建设的长期性、系统性和复杂性，强化顶层设计，立足当前，着眼长远。统筹安排各项措施，选择重点领域和典型地区开展行业信用建设示范，有计划、分步骤推进落实。

（五）目标任务

到 2020 年，保险业信用制度体系、信用评价基本规则和标准体系基本建立，保险业统一开放的信用信息系统和覆盖全行业的征信系统基本建成，保险信用服务体系比较完善，守信激励和失信惩戒机制全面发挥作用。保险服务明显改善，市场秩序显著好转，保险商务诚信、保险政务诚信建设取得明显进展，消费者和社会满意度大幅提高。行业诚信意识普遍增强，诚信文化建设扎实推进，保险信用环境明显改善。具体分阶段目标任务如下：

——2015 年：基础准备。加强保险信用体系组织建设，建立保险业信用体系建设联席会议制度。启动保险业信用信息数据库建设，初步建立保险业信用管理制度、评价体系和信用记录等相关标准体系。

——2016～2018年：全面推进。保险业信用制度和标准体系进一步完善，信用信息的记录、存储、处理、管理和使用实现标准化和规范化，信用记录覆盖率力争达到80%。保险业各类信用信息数据库和共享平台建设基本完成，行业内信用信息的互联互通和交换共享基本实现。

——2019～2020年：完善充实。保险业信用信息的采集范围进一步扩大，信用记录覆盖率力争提高到95%。依托国家统一的信用信息交换共享平台，与金融信用信息基础数据库及国家其他各类信用信息系统实现有机对接。征信系统和信用服务市场体系比较完善，守信激励和失信惩戒机制全面发挥作用。诚实守信成为广大从业人员的自觉行为，保险业发展的信用环境得到根本改善。

三、深入推进保险商务诚信建设

提高商务诚信水平是保险业信用体系建设的重点。商务诚信是维护商务关系、降低经营成本、营造良好营商环境的基本前提，是保险经济活动高效开展的基础保障。

（六）推进产品开发诚信建设

根据需求科学开发产品。保险企业要密切关注、深入研究市场需求，根据市场需求及变化趋势开发保险产品，并推动保险产品的不断创新，为消费者提供真正需要的产品。开发设计产品遵循科学合理的设计流程，坚持保险利益原则，妥善处理创新与信用的关系，尊重社会公德，产品命名清晰明了，与保险责任紧密关联，杜绝借创新之名误导欺骗消费者。

进一步优化保险合同条款。深入推进保险合同条款的通俗化、简单化和标准化，做到条款公平合理、要素完整、表述严谨、言简意赅、通俗易懂，不损害社会公共利益，不侵害投保人、被保险人和受益人的合法权益。合理界定合同条款中的除外责任和保险责任，对条款中的免责部分要着重提示和明确说明，禁止利用特别约定突破条款约束进而侵犯消费者合法利益的行为。

规范保险企业价格行为。根据风险损失等定价原则和精算规定，科学厘定产品费率，保证产品定价的充足性、适当性和公平性，避免因产品定价出现偏差损害客户利益。加强保险企业的价格自律，规范和引导保险企业的价格行为，抑制通过虚抬价格或过低压价等竞争行为。

加强精算领域诚信管理。制定精算师执业行为准则和实务操作指南，加强精算师的自律管理，提高精算工作的公信力。建立健全精算工作制度，保证精算师履职的独立性和公正性。加强业务财务数据真实性的系统化治理，对虚假数据问题依法依规进行严厉处罚。

（七）推进保险销售诚信建设

规范广告宣传。建立健全保险企业和产品广告宣传管理制度，突出宣传品制作、传播环节各参与者责任，完善失信惩戒机制和严重失信淘汰机制。加大对虚假宣传、销售误导等违法失信行为的查处力度，对典型案件、重大案件予以曝光，增加相关企业的失信成本。加强保险电子商务的监督管理，严厉查处虚假广告、服务违约等欺诈行为。

规范保险销售合作模式。完善保险公司与保险中介机构的合作模式，确保双方能真正有效地依据商业合同履行职责和义务。健全代理佣金等中介服务费给付制度，在长期人身险、车险等业务领域推行回访后付佣制度。推动保险公司合作方的信用建设，规范业务流程，抑制虚假骗赔、扩大损失、虚构业务套取费用等失信行为。加强对保险销售人员的专业培训，提升销售人员的专业素质，夯实销售人员的专业基础。强化竞争秩序执法，明确自律公约范围，制止价格联盟、划定市场份额等涉嫌垄断行为。

加强保险销售管理。建立健全销售渠道管理、销售团队和人员管理及相关责任追究处罚制度，制定完善保险企业和从业人员销售行为规范，抑制制售假保单、混淆蒙骗、商业诋毁及电话、短信和新媒体扰民等违规失信行为。在保险展业过程中，客观评估保险标的和被保险人的风险状况，向客户推荐适宜的保险产品。规范展业工具和用语，提倡采用产品合同条款向客户进行产品推介。完善保险销售环节的风险提示制度，如实向消费者提示投保、理赔、投诉及争议解决等环节存在的风险及注意事项，维护保险消费者的知情权。

加强客户信息管理。建立健全客户信息管理、使用及泄露责任追究制度，规范客户信息采集、共享行为，确保客户信息的真实完整和开发利用的合法合规。

（八）推进保险服务诚信建设

完善服务规范及评价机制。完善行业统一的标准化服务规范和质量评价机制，定期对保险企业的服务状况和水平进行测评并公布结果。保险企业应结合自身情况制定差别化的服务标准和监督机制，并严格实施。鼓励和支持各类保险服务创新，改进服务手段，促进服务升级。

加强服务诚信管理。在承保环节，严格核保验单，控制风险，并实施科学的单证管理，避免不必要的纠纷。在保全环节，根据客户申请和情况变化，及时做好提示提醒、变更维护、业务办理等保全服务。在理赔环节，遵循“主动、迅速、准确、合理”原则，在有效查勘、评估的基础上，按照事先约定的合同条款处理好每一笔赔案，并不断优化理赔机制和流程，提高理赔工作效率。

加强保险服务基础建设。保险企业应对保险服务的内容、流程及电话等进行公示，建立回访制度，并设置意见箱、意见簿或微信、微博、网站、手机客户端等沟通反馈渠道，方便客户提出意见。采取现场监督、内部监督、客户评价、投诉管理等措施，监督保险服务品质，提高保险服务质量。鼓励保险企业参与相关产业链整合，实现资源与信息数据共享，扩大保险服务的深度和广度。

（九）推进资金运用诚信建设

积极稳妥推动保险资金运用信用体系建设，加强对保险资金运用的信用风险评价，重点监测与防范信用风险对保险行业的交叉传递。推动保险资管企业构建信用管理机制和文化，提升防范保险资金运用风险能力。

四、加快推进保险政务诚信建设

保险政务诚信是保险业信用体系建设的关键。作为保险政务主体，保险监管机构的诚信水平对其他保险信用主体的诚信建设发挥着重要表率和导向作用。

（十）坚持依法行政

完善决策机制和程序。将依法行政贯穿于决策、执行、监督和服务的全过程。完善保险监管决策的议事规则和程序，提高保险监管决策的科学性。推行重大决策事项公示和听证制度，拓宽公众参与监管决策的渠道。

全面推进政务公开。在保护国家信息安全、商业秘密和个人隐私的前提下，依法公开各项监管制度、办事程序和监管工作中掌握的各种信用信息。畅通依申请公开渠道，重点抓好行政许可、行政处罚和行政强制及其他行政监管措施的公开公示，提高监管透明度。

加强权力制约和监督。健全权力运行制约和监督体系，确保决策权、执行权、监督权既相互制约又相互协调。完善行政监察、执法回避、特邀外部监督员制度，优化和规范行政执法流程，形成科学有效的内外部约束机制。

公平行使行政权力。积极营造公平竞争、统一高效的市场环境，对各类市场主体一视同仁，不得滥用行政权力包庇纵容部分市场主体的违法违规和失信行为。

（十一）发挥诚信建设示范作用

加强自身诚信建设。保险监管机构要切实贯彻落实“为民监管、依法公正、科学审慎、务实高效”的保险监管核心理念，以诚信施政带动全行业诚信意识的树立和诚信水平的提高。

率先使用信用信息和产品。保险监管机构要将保险经营主体的信用记录或信用报告作为实施行政审批、市场准入、资质审核等日常监管的重要参考，探索完善在行政管理事项中使用信用记录和信用报告的制度规范，并逐步纳入监管机构的重要工作日程。在政府采购、招标投标等行政管理事项中率先使用信用信息和产品，并鼓励保险企业积极开发信用保险产品，率先遵守信用规则和约束，发挥信用信息和产品对社会信用体系建设的基础支撑作用。

（十二）加快守信践诺体系建设

建立健全承诺考核制度。严格履行向行业和社会作出的承诺，把政务履约和守诺服务纳入监管工作绩效评价体系，把为消费者、行业和社会办实事的践诺情况作为评价监管机构信用水平的重要内容，推动各级监管机构逐步建立健全政务和行政承诺考核制度。

完善政务诚信约束和问责机制。加大监察、审计等部门对行政行为的监督和审计力度。畅通社会监督渠道，强化群众和舆论约束。全面落实党风廉政建设责任制，对重大政务失信行为及时启动问责机制。

五、加强保险业信用体系制度机制建设

（十三）构建守信激励和失信惩戒机制

加强对守信主体的奖励和激励。建立保险业“红名单”制度，加大对守信行为的表彰、宣传和支持力度。按规定对诚信企业和模范个人给予表彰，通过新闻媒体广泛宣传，营造守信光荣的舆论氛围。深化信用信息和信用产品的应用，对诚实守信的保险经营机构在监管审批上实行优先办理、简化程序等“绿色通

道”支持激励政策，对诚实守信的保险从业人员在资质认定、职业发展上实行适当倾斜政策，对诚实守信的保险消费者通过价格机制等措施实施适度优惠政策。

加强对失信主体的约束和惩戒。健全失信惩戒制度，建立保险业“黑名单”制度和市场退出机制。在市场准入、资质认定、行政审批、政策扶持等方面实施信用分类分级监管，根据失信类别和程度使失信者受到惩戒。制定保险业信用基准性评价指标体系和评价方法，完善失信信息记录和披露制度，使失信者在保险市场交易中受到制约。制定和完善行业自律规则并监督会员遵守，对违规的失信者，按照情节轻重实行警告、通报批评、公开谴责等惩戒措施。完善社会舆论监督机制，发挥媒体曝光、群众评议等作用，通过社会道德谴责形成社会震慑力，约束保险信用主体的失信行为。

建立失信行为有奖举报制度。将保险行业诚信放在社会群体监督之中，加大对失信行为的约束、惩处力度。在保险监管机构、行业自律组织、保险企业设立举报电话、传真、邮箱等公开举报途径，欢迎社会各界对各类保险信用主体的失信行为予以举报。切实落实对举报人的奖励制度，保护举报人的合法权益。

推动建立跨部门信用联合奖惩机制。加强保险监管部门与其他政府相关部门、司法机关、社会组织、新闻媒体等的沟通协作，建立健全信用联合奖惩机制，使守信者处处受益、失信者寸步难行。

（十四）建立健全保险业信用制度和标准体系

推进保险业信用制度建设。加强保险企业的诚信管理制度建设，使诚信成为保险企业经营管理的基本准则。鼓励和支持保险企业设立信用管理岗，安排专人开展信用管理工作。鼓励和支持保险企业建立内部职工诚信考核与评价制度，构建完善的事前预防、事中管控和事后追责的信用风险管控机制。加强保险公司、保险中介公司等各类保险企业之间业务往来、账务处理、资金结付等环节的诚信制度建设，维系相互间良好的协作关系。建立健全保险业信用信息管理制度，明确信用信息记录主体责任，保证信用信息客观、完整、准确和及时更新。按照信用信息属性，结合保护个人隐私和商业秘密，依法推进信用信息分类管理。不断完善保险业信息披露管理制度，规范和扩大信息披露的内容、范围和频度，推动信用信息资源的有序开发利用。建立健全保险统计信用评价和统计从业人员信用档案制度，对统计失信行为进行通报和公开曝光。充分发挥各类行业组织的协调和监督作用，加强行业诚信自律制度建设。

加强保险业信用标准化建设。制定保险业统一信用信息采集标准和分类管理办法，统一信用信息目录，规范保险信用信息记录和系统运营行为。建立完善保险信用评价核心指标体系和标准，推动保险信用评级规范发展。

健全信用信息主体权益保护机制。充分发挥行政监管、行业自律和社会监督在信用信息主体权益保护中的作用，综合运用法律、经济和行政等手段，切实保护信用信息主体权益，加大对违法使用个人信息和侵害商业秘密行为查处力度。加强对信用信息主体引导教育，不断增强其维护自身合法权益的意识。

（十五）培育和规范信用服务市场

建立健全公共信用服务机构和社会信用服务机构互为补充、信用信息基础服务和增值服务相辅相成的多层次、全方位的保险信用服务组织体系。建立健全保险企业信用评级制度，鼓励信用服务机构开展保险信用评级。拓展保险信用服务产品的应用范围，加大保险信用服务产品在保险市场交易中的应用。明确保险监管信用信息的开放分类和基本目录，有序扩大保险监管信用信息对社会的开放，优化保险信用调查、信用评级和信用管理的发展环境。

六、加快推进保险业信用信息系统建设

（十六）加快保险业信用信息系统建设

加强保险业信用记录建设。以保险监管机构履行责任记录、依法行政记录、投诉记录等信用记录指标，各类保险企业的基本情况和经营情况、财务状况、合规记录、劳保记录、信用等级、履约记录、理赔记录、诉讼记录、社会责任实施记录等信用记录

指标，从业人员的个人基本信息和表彰奖励记录、违法违规记录、投诉记录、纳税记录，保险消费者的基本信息和投保记录、理赔记录、违法违规记录、诉讼记录等信用记录指标为重点，完善行业信用记录制度和从业人员信用档案、消费者信用档案制度。

建立保险业信用信息数据库。推进保险业信用信息数据库建设，以数据标准化和应用标准化为原则，依托国家各项重大信息化工程，实现信用信息的电子化记录、存储和在线使用。加强保险监管机构、保险行业组织、各类保险企业、中国保险信息技术管理有限责任公司等在信用信息数据库建设和信用信息记录上的分工与协作，建立健全保险监管信用信息数据库、保险企业信用信息数据库、保险从业人员信用信息数据库和保险消费者信用信息数据库，逐步实现保险信用信息采集、记录全覆盖。整合行业内各种信用信息资源，建立统一的保险业信用信息平台。引进基于互联网的大数据信息源、公检法系统信息源和新闻媒体等社会性信息源，扩大和拓展保险信用信息的采集范围，提高对行业内外信用信息资源的整合力度。采取丰富数据维度、统一数据标准、增强数据时效、确保数据真实等措施提高信用数据质量，促进信用数据的有效开发利用。

（十七）加强保险征信系统建设

支持征信机构针对保险行业建立征信系统。征信机构开展保险征信业务，建立以各类保险企业、保险从业人员、保险消费者为对象的征信系统，依法采集、整理、保存、加工相关信用信息，并保障信用信息的准确性。

鼓励征信机构向社会提供有关保险的征信服务。征信机构要根据市场对保险信用服务需求对外提供相关征信服务，并推进信用服务产品创新。发挥市场激励机制作用，鼓励征信机构加强对已公开保险政务信用信息和非政务信用信息整合，建立面向不同对象的征信服务产品体系，满足社会多层次、多样化和专业化保险征信服务需求。

（十八）推进信用信息交换与共享

依托国家统一信用信息交换共享平台，加快实现与金融信用信息基础数据库和证券、信托等金融行业信用信息交换与共享，推动金融业统一征信平台建设。加快推进与工商管理、公安交警、司法机关、安全生产、医药卫生、社会保障等保险业务相关领域信用信息系统对接，尽早实现与业务相关领域信用信息交换与共享。推进与其他政府部门、非金融行业、社会组织及地方性信用信息系统互联互通和信用信息交换共享。深化与港澳台保险监管机构信用信息的对接与共享。对保险信用信息实施分类分级管理，确定查询权限，实施特殊查询需求特殊申请制度。

七、强化保险业诚信教育与诚信文化建设

保险业诚信教育与诚信文化建设是增强行业诚信自律、提升广大从业人员和消费者道德素养的重要途径，是构建保险业核心价值体系的重要内容。

（十九）加强从业人员诚信教育

加强保险从业人员诚信教育。持续开展对保险销售人员、服务人员、经纪人、公估人和企业管理人员的诚信教育和培训，将诚信知识纳入从业资格和任职资格考试范围。建立健全从业人员诚信考核制度，全面采集从业人员诚信记录，并依法接受社会公众和各类市场主体查询。建立从业人员失信行为“黑名单”制度，并向社会公开公布。将从业人员诚信记录与考核、定薪和职务晋升挂钩，完善企业内部诚信约束机制。

加强监管工作人员诚信教育。深入开展保险监管人员诚信守法和道德教育，加强法律知识和信用知识学习，提高监管人员的法律和诚信意识，建立一支守法守信、高效廉洁的监管队伍。

（二十）加强消费者诚信教育

引导保险消费者履行如实告知义务。加强保险法律法规宣传教育，提示消费者在购买保险时如实告知和填写保险标的或被保险人的有关情况，在投保财产保险时如有重复保险及时通知保险人，在保险理赔时提供真实且尽可能完整的证明材料。

引导保险消费者树立正确利益观。加强保险消费理念宣传教育，提高广大消费者在保险消费过程中的道德约束，防止和抑制出险后投保、重复理赔、虚构保险损失、扩大或夸大保险损失等欺诈行为发生，维护保险经营者的合法权益。

引导保险消费者在利益遭受侵害时依法维权。加强保险消费者维权教育，提醒消费者在进行保险投诉等维权时以客观事实为依据，不提供虚假信息或者捏造、歪曲事实，不诬告和陷害他人，遵守法律法规及相关规定，维护正常的公共秩序和投诉处理单位的办公秩序。

（二十一）普及诚信教育

以树立社会主义核心价值观、践行保险业核心价值理念为根本，将诚信教育贯穿保险职业道德和保险文化建设全过程。开展诚信评议活动，对诚信缺失、不讲信用现象进行分析评议，通过大量保险案例教育引导广大从业人员和消费者诚实守信。开展“保险信用普及教育进学校、进机关、进企业、进社区、进村屯”活动，并通过新闻媒体、互联网等途径宣传普及金融保险及信用知识。

（二十二）加强诚信文化建设

以诚信宣传为手段，以诚信教育为载体，大力倡导诚信道德规范，弘扬积极向善、诚实守信的传统文化和现代市场经济的契约精神，在全行业形成“守信用、担风险、重服务、合规范”的良好风尚。引导保险企业将诚信置于文化建设的核心位置，充分发挥管理者在文化建设中的引领示范效应，把诚信建设贯穿企业经营管理的各环节。充分发挥电视、广播、报纸、网络等媒体的作用，对“红名单”和“黑名单”实行定期披露。组织开展“全国保险公众宣传日”、“保险业3·15诚信维权宣传”等大型活动，突出保险信用主题，营造诚信和谐的良好市场氛围。

八、建立实施支撑体系

（二十三）强化责任落实

保险监管机构、各类保险企业和行业组织要统一思想，将信用体系建设工作列入重要议事日程，加强信用体系建设工作的领导，设立专门机构或岗位。积极推进信用体系建设制度化工作，加强本单位信用管理办法和基础制度建设，完善保险信用体系建设长效机制。将信用体系建设工作作为目标责任考核、政绩或绩效考核的重要内容，定期对本单位的信用体系建设情况进行总结和评估，及时发现问题并提出改进措施。保险监管机构将定期对信用体系建设情况进行督导，对推进信用体系建设成绩突出的单位予以表彰，对推进不力、失信现象多发单位按规定实施行政问责。

（二十四）推动示范引导

广泛开展优秀服务标兵、优质服务窗口等诚信示范单位创建主题活动，树立讲诚信、重服务的行业风尚。强化诚信自律，继续引导保险企业面向社会开展诚信承诺，公开相关信息，自觉接受社会监督。聚焦重点领域，建立健全保险销售、保险经纪、保险公估等直接面向消费者的保险从业人员信用信息征集和管理办法，不断提高保险从业主体的诚信意识。支持高等院校、行业组织、研究机构、征信机构等针对保险业信用体系建设的重大理论和实践问题开展深入研究。

（二十五）加强协同配合

建立保险业信用体系建设联席会议制度，定期召开工作协调会议，加强对各单位信用建设工作的指导、督促和检查，并通报工作进展情况，及时研究解决行业信用体系建设中的重大问题。各单位要按照保险业信用体系建设工作的统一要求，建立完善工作机制，加强保险行业内各单位间的协同配合，形成工作合力。加强与国家和地方社会信用体系建设主管部门的沟通协作，主动融入社会信用体系建设的整体布局，通过信用信息的互认共享、联合应用，推动形成守信激励失信惩戒的联动机制。加强政府资金支持，保障保险信用基础设施建设顺利开展。

三、2015年保险消费者权益保护工作要点

按照2015年全国保险监管工作会议部署，2015年保险消费者权益保护工作将紧紧围绕保监会党委提出的坚持稳中求进总基调，坚持“抓服务、严监管、防风险、促发展”，主动适应保险业发展新常态，深入贯彻《国务院关于加快发展现代保险服务业的若干意见》和《中国保监会关于加强保险消费者权益保护工作的意见》，以强化保险公司维护消费者合法权益的主体责任为主线，以加大透明度监管和监督检查力度为手段，以推进制度机制建设和信用体系建设为基础，依法全面推进保险消费者权益保护各项工作。

一、抓源头，强化保险公司维护消费者权益主体责任

（一）督促保险公司重视和加强消费者权益保护工作

督促保险公司建立消费者事务委员会。引导保险公司各级机

构管理层定期研究涉及消费者合法权益的重大问题，建立并完善保险公司各级机构消费者权益保护工作年度报告制度。监督保险公司将维护消费者合法权益的法律规定和监管要求贯彻落实到保险条款制定、销售管理、理赔给付、客户服务和投诉处理等各环节的内控制度之中，健全责任追究、失信惩戒、消费者信息保护制度。推动保险公司完善薪酬分配制度，确保不存在对损害消费者合法权益行为的不当激励。

（二）深入治理销售误导

督促保险公司加大销售行为管控力度，严格落实客户信息真实性管理和销售误导责任追究。推进人身险产品客户需求适应性制度建设和区分销售制度建设。加强对产品说明会及产品推介中的不实宣传行为、未经消费者书面授权或追认而代替其签订保险合同行为、未经消费者同意即扣划保险费行为的监管。探索建立保险产品第三方评价制度和回访合格后支付销售佣金制度。

（三）推进治理理赔难

指导保险公司建立公正、透明的理赔给付处理和争议解决程序。推动保险公司建立小额简易案件快速处理机制，减少索赔材料，优化理赔流程，推进理赔服务便捷化、理赔过程透明化。开展保险理赔服务质量监测，推进核保核赔资格认证。

（四）促进保险服务质量提升

引导保险公司不断改进服务方式，创新服务模式，丰富服务内涵，加强服务网络建设。推进建立销售、承保、回访、保全和理赔给付等各环节的服务标准，继续推动保险公司制定服务承诺，并将服务标准和承诺公开，接受社会监督。完善服务评价指标体系，开展服务评价和消费者满意度测评。探索建立消费者对保险服务的实时监督评价系统。继续组织做好人身保险公司失效保单清理工作。

二、高透明，加强涉及消费者利益的信息披露

（五）监督保险公司履行信息披露义务

督促保险公司在官方网站显著位置公布保险产品条款和服务承诺信息，以清晰和通俗的语言向消费者说明保险产品和服务，重点突出保障范围、免责条款、预期收益等与消费者利益密切相关的内容，并对免责条款做出足以引起消费者注意的提示和明确说明。监督保险公司严格执行投诉处理流程和处理结果告知制度。

（六）加大涉及消费者利益的监管信息公开力度

定期公布保险公司被投诉情况、损害消费者合法权益的典型案例、行政处罚信息等。向社会公布保险公司服务评价、消费者满意度测评结果。完善保险消费者权益保护工作统计制度，明确统计口径和标准，规范数据采集、统计、报送工作，夯实数据信息基础。

三、严查处，加大对损害消费者合法权益行为的打击力度

（七）严肃查处保险公司损害消费者合法权益行为

开展“亮剑行动”，始终保持对损害消费者合法权益行为的高压态势。采取专项检查和个案检查相结合的方式，针对消费者反映较为集中的保险公司和突出问题开展重点检查，并严格执法、严格处罚、严肃追责，坚决打击损害保险消费者合法权益的违法违规行为。加大对车险、农险、大病保险等重点领域和电话销售、互联网销售、理赔服务等薄弱环节的检查力度。

四、建机制，提高消费者保护工作科学性和有效性

（八）完善保险消费投诉处理机制

推进“12378”分中心的全面铺设和有效运行，充分发挥“12378”热线在保险消费投诉中的主渠道作用。健全“12378”维权热线服务网络，做好系统运行维护工作。加强投诉管理系统建设，实现与各保险公司投诉系统对接。进一步规范保险消费投诉处理工作流程，严格各环节工作标准，依法处理投诉事项，防范和有效化解群体性事件风险。加强保险公司投诉处理工作考评，加大对保险公司投诉处理工作的督办、检查和考核力度。强化保险公司总经理和保监局局长接待日制度。

（九）深化保险纠纷调处机制

加强纠纷调解机构建设，完善各项制度，规范调解程序，扩大保险业外调解员比例，提升调解员素质和能力，提高调解工作的公正性、有效性和公信力。引导并督促保险公司各级机构积极参与调解工作、切实执行调解协议，提高通过调解途径化解保险消费争议的效果。完善保险纠纷“诉调对接”“仲调对接”机制，推广“诉调对接”机制试点形成的经验做法，扩大对接机制覆盖面，进一步完善保险纠纷多元化解决机制。

（十）建立多方参与的保险消费者权益保护协同机制

加强与司法机关、有关政府部门、社会组织的沟通合作，发挥好新闻媒体、社会公众的监督作用，以及专家学者的智力支持作用，充分听取和吸收社会各方面的意见建议，共同保护好保险消费者的合法权益。

五、重预防，开展消费者教育与风险提示工作

（十一）拓展消费者教育

推进保险知识进学校、进农村、进社区、进机关、进企业“五进入”教育宣传活动。充分利用“3·15”消费者权益日、“7·8”保险宣传日等时点，集中开展保险知识普及宣传教育活动，构建监管机关、行业组织、保险公司、社会各界参与的保险消费者教育工作格局。利用官方网站、报纸专栏、电视电台、网

络平台和现场活动等载体，形式多样地普及保险知识。

（十二）提示保险消费风险

建立保险消费风险发布平台，及时发布保险消费风险信息，提示公众注意保险购买、理赔、投诉及争议解决等各环节的注意事项，引导消费者合理预期。

六、夯基础，推进行业诚信建设

（十三）加强保险业信用体系基础建设

发布并实施《中国保险业信用体系建设规划（2015—2020年）》。启动保险业信用信息系统建设，着手建立面向业内外的保险信用信息数据库。建立各层级的保险业信用体系建设联席会议制度，完善保险业信用体系建设信息共享机制。加强与地方信用体系建设牵头单位的联络，积极与相关部门建立联合惩戒机制。探索建立保险公司、保险中介机构信用评级制度。

（十四）加强保险业诚信文化建设

推进保险市场主体践行“守信用、担风险、重服务、合规范”的行业核心价值理念，切实改进保险服务，切实维护好保险消费者合法权益。建立“红黑名单”制度，并适时向社会发布。向全行业征集典型诚信文化案例并开展展评活动。

七、强自身，提升消费者权益保护工作能力

（十五）强化能力和作风建设

加强理论学习，开展业务培训，提升保险消费者权益保护监管干部的政治素质、专业知识和业务能力。加强调查研究，深入基层、深入消费者，提高保险消费者权益保护工作针对性和有效性。努力转变工作作风，切实在“严、细、深、实”上下功夫。注重上下协作，提高工作合力和效力。